「見る鉄」のススメ

関西の鉄道名所ガイド

見る・撮る・学べるスポット42選

来住憲司 著

創元社

築堤をくぐるトンネル状の通路を京阪神では「まんぼう」と呼ぶことが多い。阪急神戸線さくら夙川〜芦屋にある「大谷道まんぼう」は、大阪〜神戸間に鉄道が開業した当時からの設備だ

気負わず、気楽に鉄道を楽しむ──「見る鉄」のススメ

　関西に住む鉄道好きの一人として、私はつとめて地元の魅力的な鉄道シーンや名所を紹介してきました。地元愛もありますが、そうでなくても、JR、私鉄ともに充実した関西には、知る人ぞ知る名所がいくつもあるからです。

　もっとも、鉄道名所と一口に言ってもさまざまです。独特の車窓が楽しめる名所もあれば、いわゆる撮影名所もありますし、撮影には必ずしも向いていないけれど、見応えのあるシーンを見学できる場所もあります。主役は車両ばかりでなく、古風な駅舎や待合室が見物という場合もあります。

　レールファンは、撮り鉄、乗り鉄などに分かれるように、好みは人それぞれ。興味の対象によって名所は変わります。それでも、鉄道好きなら、興味や関心の強さに濃淡があっても、「走っている電車を眺めるのっていいよね」とか「駅にいるだけで楽しい」という気持ちは同じでしょう。

　「広く浅く」をモットーとし、撮り鉄にも乗り鉄にもなる私も、単純に鉄道を眺めている時間こそが至福のひとときです。

　書名に「見る鉄」とあるように、本書では鉄道を「見る」ことに重心をおき、そうした名所をできるだけたくさん紹介してみました。

　誰もが知るような名所も一部入れていますが、どちらかといえば、マイナーだけれども珍しいモノやシーンが見られる場所や、ちょっとした空き時間や外出のついでに、その場所ならではの楽しみや発見があるスポットを集めてみました。

　たとえば、新幹線の項で紹介した米原や西明石では、迫力のある走行シーンが撮影できるので、「撮り鉄」だけでなく親子連れや孫連れも多く見かけます。ドクターイエローが見られる「道の駅」は撮影より見物向きです。

　北大阪急行の桃山台駅は、撮影名所の歩道橋や、入換作業が見物できる桃山台車庫があり、「撮り鉄」も「見る鉄」も楽しめるスポットです。

　また、見学しやすい廃線跡として、旧北陸本線や旧福知山線をたどるハイキングコースも紹介しています。

　紹介した場所の多くは、一人でも、家族連れでも、どっぷり鉄道に浸かって一日を過ごすことができます。本書を参考に、関西の鉄道名所を訪ね歩き、鉄道にはいろいろな楽しみ方があることを感じていただければ幸いです。

来住憲司

「見る鉄」のススメ——関西の鉄道名所ガイド　目次

まえがき　3

関西の新幹線ウォッチング名所

- ■関西屈指の新幹線見学スポット、米原をたずねる
  JR東海・米原駅　10
- ■ドクターイエローが見られる「道の駅」
  アグリの郷栗東　14
- ■新大阪にみる新幹線の歴史とこれから
  JR西日本／JR東海・新大阪駅　16
- ■トンネルの真上から新幹線を見下ろす
  山陽新幹線記念公園　21
- ■新神戸駅の隠された過去　JR西日本・新神戸駅　22
- ■迫力ある走行シーンを目撃するなら西明石
  JR西日本・西明石駅　25
- ■高速道路に化けた新幹線用地
  国道2号線加古川バイパス　28

大阪市内編

- ■関西のJR列車が勢揃い！　大阪駅の「見る鉄」名所
  JR西日本・大阪駅　32
- ■私鉄ターミナルの頂点、梅田駅を堪能する
  阪急電鉄・梅田駅　38
- ■3複線区間を疾走するマルーンを目撃せよ！
  阪急電鉄・新淀川鉄橋　40
- ■消滅寸前の遺構——中津駅に歴史をたずねる
  阪急電鉄・中津駅　42

- 淀川堤防で鉄道をのんびり満喫する
  - 上淀川橋梁、下淀川橋梁、新淀川橋梁　44
- 梅田貨物線を「かぶりつき」で見学！
  - JR西日本・福島駅　46
- トレインウォッチャー御用達のハンバーガーショップ
  - JR西日本・鶴橋駅　47
- 桜之宮にある明治の鉄道遺構
  - JR西日本・桜ノ宮駅　48
- 弁天町で発見！　2つの歴史的遺産
  - JR西日本・弁天町駅　50
- 日本一のビルとチンチン電車を一緒に撮る
  - 阪堺電車・松虫電停　52

大阪北部編

- 「走る展望台」大阪モノレールで空中散歩
  - 大阪モノレール線　54
- ラッピング列車見学の特等席
  - 大阪モノレール・山田～千里中央間　58
- 桃山台で北大阪急行を堪能する
  - 北大阪急行・桃山台駅　60
- 阪急発祥の線区、箕面線の今　阪急電鉄・石橋駅　62
- 京阪の魅力は大阪府下にあり！
  - 京阪電気鉄道・京阪本線　64

大阪東部・奈良編

- 鉄道車両の「出荷」を見学する　近畿車輛　68
- 意外に古い!?　学研都市線の歴史
  - JR西日本・学研都市線　69
- 平面交差の極み！「大和西大寺」ジャンクション
  - 近畿日本鉄道・大和西大寺駅　72
- 見てびっくり！　パン屋さんの中に電気機関車!?
  - JR西日本・木津駅付近　74

大阪南部・和歌山編

- 曳家で残った築100年超の名駅舎
  - 南海電気鉄道・浜寺公園駅　78
- 「めでたいでんしゃ」が走る線
  - 南海電気鉄道・加太線　80
- 知る人ぞ知る、D51が走る鉄道公園
  - 有田町・有田川鉄道公園　82

京滋・福井編

- 博物館で現役車両を見学する　京都鉄道博物館　86
- 地下線あり、山越えあり、道路ありの劇場路線
  - 京阪電鉄・京津線　90
- 蒸気機関車黄金時代の足跡をたどる
  - 旧北陸本線木ノ本〜敦賀間　92
- 貴重な車両を見学したあとはレトロ車両で一服
  - 加悦SL広場　96

兵庫編

- 伊丹線・甲陽線の誕生秘話
  - 阪急電鉄・伊丹線、甲陽線　100
- 「橋上駅」から延びる単線ワンマン路線
  - 阪神電鉄・武庫川線　103
- 幻の「阪神急行線」計画　阪神電鉄・御影駅　106
- 阪神電鉄の秘めたる野望？　西宮駅の謎
  - 阪神電鉄・西宮駅　107
- 都会のローカル線!?　朝夕のみの通勤専用路線
  - JR西日本・和田岬線　108
- 鉄道車両製造の老舗「川崎重工」で見る・学ぶ
  - 川崎重工業兵庫工場ほか　110
- ロープウェイでトレインウォッチング
  - 須磨浦公園　114
- 山下駅の"入換大作戦"　能勢電鉄・山下駅　116
- 福知山線旧ルートを歩く
  - 旧福知山線・生瀬〜武田尾間　118

〈番外編〉観光列車を楽しむ

- 近畿日本鉄道50000系「しまかぜ」 　　　　124
- 嵯峨野観光鉄道トロッコ列車 　　　　　　　127

🔵 コラム

- 新幹線の上に建つ謎の構築物　　　　　　　13
- ドクターイエローとは？　　　　　　　　　15
- 新大阪駅の未来像　　　　　　　　　　　　20
- 和田岬線用103系の回送　　　　　　　　　27
- 段差だらけの大阪駅　　　　　　　　　　　37
- 十三駅といえば「阪急そば若菜」　　　　　41
- モノレールの方式──跨座式と懸垂式　　　57
- 北大阪急行と日本万国博覧会　　　　　　　61
- 小さくても見どころいっぱい、諏訪ノ森西駅舎　79
- 日本一のミニ非電化私鉄　　　　　　　　　84

📷 撮影スポット紹介

- 阪和線イチオシ撮影ポイント　　　　　　　30
- 南茨木駅付近の撮影ポイント　　　　　　　66
- もう1つの大ジャンクション、大和八木　　76
- 阪急神戸線、御影S字カーブ　　　　　　122

「見る鉄」に役立つ〈補足解説〉　　130
参考文献　　134

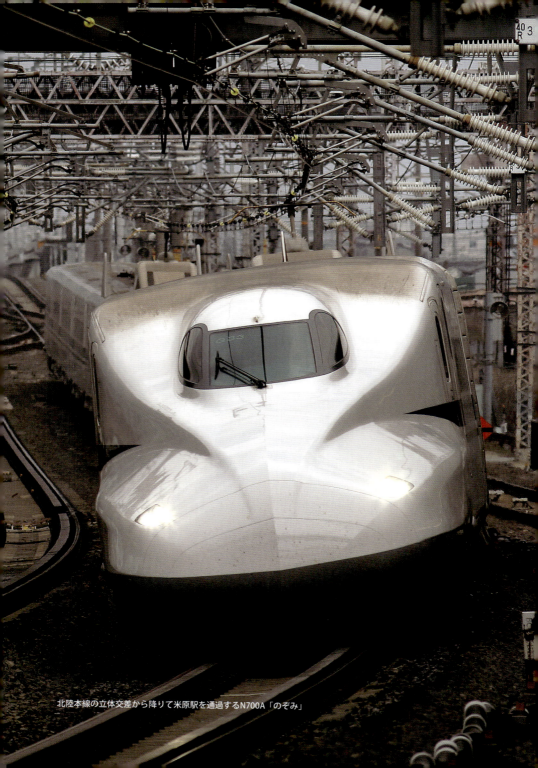

北陸本線の立体交差から降りて米原駅を通過するN700A「のぞみ」

関西の新幹線ウォッチング名所

500系使用の上り「こだま」と現在のエースN700Aの下り「のぞみ」のすれ違い（山陽新幹線・西明石駅ホームから）

JR西日本・米原駅
アグリの郷栗東
JR西日本／JR東海・新大阪駅
山陽新幹線記念公園
JR西日本・新神戸駅
JR西日本・西明石駅
国道2号線加古川バイパス

JR東海・米原駅

関西屈指の新幹線見学スポット、米原をたずねる

北陸本線とオーバークロスする高架から駆け下りて、米原駅を通過する下り「のぞみ」N700A（下りホームから）

　全列車が16両編成のN700Aと700系で統一されている東海道新幹線は日本の大動脈にして、質・量ともに世界屈指の鉄道だ。では、その迫力を最も感じることができる場所はどこだろうか。意外に思われるかもしれないが、じつは米原駅なのだ。

■ 東海道新幹線を見るなら米原

　琵琶湖北東に位置する米原駅は、古くから交通の要衝として重視され、鉄道開業後も、東海道本線と北陸本線の接続点として大きな役割を果たしてきた。
　東海道新幹線の開業後もそれは変わらず、米原駅は、東京・名古屋・京都・新大阪以外の駅で、最初に「ひかり」停車駅になった（当時は「のぞみ」が登場する前）。
　湖西線や北陸新幹線が開業したため、米原駅で新幹線と北陸本線を乗り継ぐ人

新大阪方の高架橋を降りて米原駅構内にさしかかった、上り「のぞみ」N700A（下りホームから撮影）

米原駅を通過する上り「のぞみ」(JR西日本所属)。絞り気味ながら、スプリンクラーによる散水が行われている。JR西日本所属700系通過シーンは、ほとんど見られなくなった

は減ったようだが、依然として重要な拠点駅だ。

ただ、「のぞみ」と一部の「ひかり」は停まらない。米原駅利用者には残念なことだが、見方を変えると、ホームに居ながらにして新幹線が走り抜ける様子を見ることができる駅ともいえる。

そう、米原駅は関西で唯一、ホームから東海道新幹線の通過シーンを見られる駅なのだ。しかもカーブ途中にホームがあるので、高架線から新幹線が降りてくる姿を見られるというメリットもある。正面がちに近づいてくる姿は迫力満点だ。また、「のぞみ」の本数も、新大阪以西の山陽新幹線より多い。まさに新幹線ウォッチングにぴったりの駅なのだ。

■ スプリンクラーによる散水

米原と聞くと、積雪を思い浮かべる人も少なくないだろう。新幹線に積雪とくればスプリンクラーの出番で、米原駅では、線路脇からスプリンクラーで散水する様子も見学できる。

スプリンクラーで雪を溶かして除雪していると思っている人もいるようだが、そうではない。スプリンクラーの目的は、雪を湿らせて舞い上がりにくくし、車体への付着を減らすことにある。

上りホームの立ち食いそば店併設の駅弁売場。かつて在来線でよく見られたスタイルだが、新幹線では珍しい (12・13番線ホーム)

JR総研風洞技術センターに保存されている高速試験車。左から300X、STAR21、WIN350

■米原駅の名物を味わう

　米原は、今では数少ない地元業者による駅弁販売駅でもある。駅弁販売を手がけるのは井筒屋。1889年7月1日の東海道本線全通から米原駅とともに歩んできた老舗だ。時間があるなら「湖北のおはなし」や「琵琶湖の鮎氷魚ごはんと一夜干し」「近江牛大入飯」など、米原駅ならではの駅弁を新幹線ウォッチングの合間に味わっていただきたい。

　ホームには、立ち食いそば店を併設した駅弁売店もある。「のぞみ」通過駅ホームの立ち食いそば店はめずらしく、通過する新幹線を横目に食べるそばの味は格別だ。

■「上り13番線ホーム」の謎

　東海道・山陽新幹線の建設に際しては、全列車停車が想定された駅では、通過線を設けず、島式ホーム2面4線を標準とした。他方、通過列車を想定した駅では、相対式ホーム2面4線とし、上下線乗り場の間に通過線が設けられた。

　標準に従えば、米原駅は相対式ホームとなるはずだが、実際には、上りホームは島式1面2線（12/13番線）、下りホームは単式1面1線（11番線）。上下線の間に通過線があり、上り線乗り場が標準より多くなっている。

　これは、関ケ原地区の雪害により、上り列車を米原で止めるケースを想定してのことだ。関ケ原の東側にある岐阜羽島駅も同様の考えで、下り線乗り場を2線として開業している。

　開業後、積雪で不通になるようなことはほとんどなかったが、線路に積もった雪が舞い上がって凍結し、車体に固着することが判明した。固着した雪は塊になると車体から落下し、事故の原因になる（車体に着いた雪塊が落ちた衝撃でバラストが飛び散り、窓ガラスや床下機器が破損することがある）。そこで導入されたのがス

プリンクラーだ。

　もっともスプリンクラーで着雪を完全に防ぐことはできないので、関ケ原通過後にどこかで雪を落とす必要がある。上りの場合、「こだま」は岐阜羽島で（このために上り線乗り場を増やした）、「ひかり」「のぞみ」は名古屋で（下りは新大阪で）雪落とし作業が行われる。ただ、米原駅では雪落としを行わなかったため、開業時の配線がそのまま残っている。

　なお、13番線のレールは、米原駅の東京方にある保線基地とつながっており、保線用車両が留置されていることもある。

■「新幹線の聖地」で見学

　米原操車場跡地の一部に開設された鉄道総合技術研究所（JR総研）風洞技術センターは、米原駅から線路沿いを大阪方へ数百m進んだところにある。このセンターの肝は世界トップクラスの風洞装置だが、残念ながら一般向けの公開はない。

　レールファンの関心を引くのは、敷地内に保存されたJR3社の高速試験車だ（JR西日本500系試作車WIN350、JR東海955形300X、JR東日本952形STAR21）。敷地に入っての見学はできないが、屋外で保存されているので、金網のフェンス越しではあるものの、公道から見える。

　もっと近くで見たい人は、例年10月頃の土日2日間に実施される特別公開を利用しよう。外観だけでなく、車内も見学できる。

　なお公開日はJR総研ホームページには掲載されず、長浜・米原・奥びわ湖観光サイト「長浜・米原を楽しむ」などで告知される。

新幹線の上に建つ謎の構築物

　上り新幹線に乗車すると、名神高速道路の彦根インター横を通過してすぐ、謎のコンクリート構築物が線路を覆っていることに気づく。いや、一瞬のことなので、意識していないと気がつかないかもしれない。

　他方、名神高速でこの近辺を通るとき、用途のわからない白いアーチ状の構築物の下をくぐる。こちらは見えている時間が長いので、ご存じの方も多いかもしれない。じつは、新幹線と名神にある2つの謎の構築物は隣接して建っている。

　これらは貨物索道（鉱石運搬用ロープウェイ）の跡だ。かつて彦根駅裏側に住友セメント彦根工場があり、新幹線の向こう側から索道を使って石灰石を運搬していた。謎の構築物は、その運搬の際、石灰石を積んだ搬器（バケット）や石灰石が線路や車両に落下しないように設けた防護施設だったのだ。

　貨物索道廃止後は防護施設としての役割を終えたが、今は新幹線のスプリンクラー用設備の一部に転用されている。

左側の白いアーチが名神高速道路の防護施設。右側が新幹線の防護施設

アグリの郷栗東

ドクターイエローが見られる「道の駅」

新幹線側にある道路が格好の見物場所。平日なので見物人はこの程度だったが、土日に走る時はもっと混雑する

■ドクターイエローを見る方法

　旅客運用のない事業用車両ながら、レールファン以外にもその存在が知られるドクターイエロー。しかし、JR東海、JR西日本ともに運転日時を公表していないので、走行シーンを目撃するのはそう簡単ではない。

　ただ、目撃する確率を高める方法がまったくないわけではなく、近年はレールファン有志によるドクターイエロー速報サイトで、直近の走行情報を確認することができる。

　ドクターイエローがいつ、どの地点を通過したかがリアルタイムで書き込まれるという便利なサイトで、タイミングが合えば、書き込まれた情報をもとに先回りして、ドクターイエローを待ち構えることができるかもしれない。

　見学場所も含めて、遭遇率をもう少し高めたいなら、ここで紹介する滋賀県の道の駅「アグリの郷栗東」がおすすめだ。名神高速道路栗東インターから車で約10分、栗東駅からコミュニティバス「くりちゃんバス」で7分の場所にある。

　高知県の「田野駅屋」や青森県の「いまべつ」のように、鉄道駅と一体化したような「道の駅」は全国にあるが、ドクターイエローが見えることを売りにしているのは、おそらくここだけだろう。

■通過の瞬間をとらえる！

　おすすめのウォッチングスポットは、新幹線から100mほど離れたところにある道の駅の駐車場とその北側の通路だ。近すぎず、遠すぎず、まさに絶妙な位置にあり、編成全体を写真に収めることができる。実際、通過予定時刻が近づくと、買い物や食事を終えて待っていた人たち

アグリの郷栗東は県道145号線沿いにある。大規模な道の駅が増えた昨今では、比較的小規模な施設だ

店舗入り口などにドクターイエロー推定走行日や通過時刻などが掲示されている

0遊具までドクターイエロー。0系を模した形状なので、2代目ドクターイエローの車番が記されている

が駐車場や隣接する道路に出て、カメラやスマホを構える姿が見られる。

東海道新幹線ではドクターイエローのほか、700系とN700Aの2形式が走っている。このうちN700Aは、改造車と新製車でロゴが違うので、都合3種類の新幹線が見られる。

しかも、道の駅施設内には、インターネットで有志ファンが公開している推定走行日や通過時刻が掲示されている。あくまでも推定だが、ほぼ10日ごとの走行日を知ることができるので、それだけでもずいぶん参考になるだろう。

ドクターイエローとは？

「見られたら幸せになれる」という都市伝説が生まれるほど、一般にも広く知られる「ドクターイエロー」だが、そもそもどういう車両なのか。

正式名称は923形電気軌道総合試験車といい、名称でわかるように業務用車両だ。したがって関係者しか乗車できず、運転日も公開されない。JR東海とJR西日本が1編成ずつ所有し（いずれも7両編成）、東海道・山陽新幹線東京〜博多間で検測している。レールや信号、架線などの状況を観測し、位置や摩耗などを調べるのが仕事で、この結果に基づいて保守作業が行われる。線路の異常検知や乗り心地の改善に欠かせない車両だ。

「新幹線のお医者さん」などと紹介されることが多いが、医者は医者でも治療を行う医者ではなく、健康診断専門の医者だ。基本的には、ほぼ10日に1回、東京〜博多間を「のぞみ」に準じるダイヤで1往復し、これ以外にだいたい3ヵ月に1度、各駅に停車しながら1往復する。

JR西日本の編成も、通常はJR東海の編成とともに、大井（品川区）の車両基地（東京交番検査車両所）を拠点としており、東京から片道に1日かけて2日間で博多までを1往復する。往路復路とも、新大阪から鳥飼（摂津市）の車両基地（大阪交番検査車両所）に入る。このため運転日には、新大阪と車両基地の間では3回も見ることができる。

米原駅を通過する下りドクターイエロー

JR西日本／JR東海・新大阪駅

新大阪にみる新幹線の歴史とこれから

25番線に到着した上り「のぞみ」

　新大阪駅は、東海道新幹線の終点として、1964年10月1日に新設された。拠点駅としては比較的新しいほうだが、それでも駅構内や周辺をよく観察すると、新幹線開業以前の計画の名残や、将来計画の芽など、新旧の歴史を垣間見ることができる。

■ 新幹線前史の残照

　太平洋戦争前に「弾丸列車」と呼ばれる「新幹線」計画があったことをご存じだろうか。東京から下関まで標準軌の新線を建設し、150〜200km/hの高速旅客列車や貨物列車を運転するという計画で、1939年から本格的に着手され、用地買収やトンネル工事が始まった。

　のちの東海道新幹線同様、弾丸列車計画においても、新線の駅を大阪駅に併設する案があったが、用地不足等により断念され、新駅は現在の新大阪駅よりも北方に設置されることになっていた（1940年に開業した東淀川駅は、この弾丸列車の接続駅として先行開業したといわれる）。

　現在の新大阪駅の立地は、山陽方面に延長する場合、土地買収がしやすいことが決め手になったといわれているが、ともあれ、新大阪駅が東淀川駅の至近に置かれたこと自体、新大阪駅が弾丸列車計画の名残であること、あるいは東海道新幹線が弾丸列車計画をベースとしたこと

を示しているといえよう。

■新幹線駅拡大の軌跡

さて、現在の新幹線ホームは、20〜27番線の5面8線であるが、このうち1964年の開業時に登場したホームは、1〜3番線（現・21〜23番線）だけだった。新幹線列車の増発に備え、まず4番線（現・24番線）が増設され、さらに山陽新幹線博多延伸の準備として、74年に5・6番線（現・25〜26番線）が登場した。

この3面6線が、新幹線開業時の設計にあったホームで、さらに1番線の南側に側線1本、6番線の北側に側線1本を加えたものが新大阪駅の完成形だった。実際、高架橋の路盤は、この側線の分も用意され、あとはレールを敷設するだけとなっていた。

しかし、ホームのない側線は使い途がないという判断なのか、この2本の側線は結局つくられなかった。ただし、この側線用の路盤を利用して、のちに20番線と27番線が建設された。

まず登場したのは20番線で、85年に山陽新幹線増発用として増設された。20番線を利用された人は、他のホームと違うと思うだろう。21〜27番線は、新幹線改札内の広いコンコースから、階段やエスカレーターで直接ホームに上がれるが、20番線に向かう場合は、短い階段や天井の低い通路を通ることになる。パズルのように既存の施設・構造物を避け改札内コンコースとホームを結ぶ通路を確保した努力の成果が、あの通路なのだ。

20番線ホーム建設中は0番線と呼ばれていたこともあり、「新幹線初の0番線ホームが登場か？」と話題になったこともあるが、使用開始に合わせ、1〜6番線を21〜26番線と改称、新設ホームは20番線となった。このため新大阪駅は1〜10番線が欠番となっていたが、2018年の在来線ホーム増設の際、1〜10番線が在来線ホームとして33年ぶりに復活した。

■JR東海と阪急の思惑が一致

2013年に27番線となった北側の側線は、長らく謎の路盤だった。というのも、すぐ北側に阪急新大阪駅予定地があったからで、国鉄→JR東海単独の思惑ではどうしようもなかったのだ。

しかし、阪急が新大阪連絡線計画（新大阪〜淡路間）を大幅に縮小したため、くだんの路盤の転用が可能になった。

一方、JR東海では東海道新幹線の増発を計画しており、新大阪駅に東海道新幹線用ホームを増設する必要性が高まった。他方、阪急は、土地を有効活用するため、駅用地にビル建設を計画していた。両社の利害は見事に一致した。

阪急は新大阪駅の南側1線分をホーム

東海道新幹線開業時からある22番線

山陽新幹線用20番線

レールが敷設されず、路盤だけがあった以前の27番線

阪急新大阪駅の路盤予定地に設置された27番線ホーム

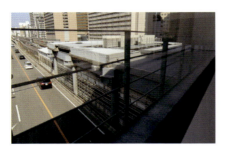
新幹線27番線ホームから見た阪急新大阪駅の先行工事跡。御堂筋線と交差する位置にある

新幹線・新大阪駅改札外コンコースにシームレスで接続する新大阪阪急ビル

用地としてJR東海に提供し、新大阪駅コンコースと新大阪阪急ビルを直結させることになった。この時、改札内コンコースも従来と同一レベルで拡張したので、最初から増設を予定していたかのように見えるが、じつはこういう経緯があったのだ。

■ 貴賓室と専用階段

長らく放置されていた側線路盤や阪急新大阪駅用地は有効に利用されたが、新大阪駅には依然として用途が明らかにされていない施設がある。新幹線各ホームの5号車停車位置付近にある階段だ。

ホームからの降り口は柵で仕切られ、階下の入口も金属扉で閉じられているので、内部の状況は窺えない。ただ、東海道新幹線完成当時の工事誌等によれば、このあたりに新大阪駅の貴賓室と専用通路が設置されたことがわかっている。この階段はその通路の一部だと思われる。

ホーム上から観察するかぎりでは、階段本体や壁面は今でも保全されており、関係者しか利用しない業務用通路や階段とは明らかに状態が異なる。政治家の動向などを報じる新聞記事などから推察すると、現在でも新大阪駅には貴賓室が存在することはほぼ確実で、この階段は今

貴賓客専用と思われる階段。降り口にフェンスがある

現在も整備されている階段

も現役と思われる。現在も貴賓室を備える駅は他にもあるが、専用階段が現存しているケースはめずらしい。

■幻の新幹線貨物列車計画

東海道新幹線の立案当時、新幹線は旅客専用ではなく、夜間は貨物輸送を行う計画だった（東京、静岡、名古屋、大阪に貨物駅を設置する予定）。しかし当面は旅客輸送を優先し、夜間は保線作業に当てることになったため、貨物新幹線計画は中止となった。

大阪の新幹線貨物駅は、車両基地とセットで検討されていた。候補地として三島町（現・摂津市）付近、東淀川区豊里付近、尼崎市立花付近が挙がったが、最終的に三島町に決定した。鳥飼車両基地（大阪交番検査車両所）に隣接するJR貨物の大阪貨物ターミナル駅のある場所だ。

貨物列車関連の工事のなかには、技術的な都合で先行して実施されたものもあった。その代表的なものが鳥飼車両基地の東京方にあった、貨物駅方面に分岐する立体交差だ。かつてはその一部が残存していたが、2014～17年に解体されたため、今は見ることができない（下段写真）。

在来線の貨物ターミナルが、東海道本線から遠く離れた新幹線沿いに建設されたのは、このような事情があったからだ。

ところで、新大阪駅開業時にホームのない側線を設置する予定があったと述べたが、これも貨物新幹線が関係していた可能性がある。

在来線の駅で、車両留置用にホームに並行する側線を設置する例は少なくない。ただ、新幹線で数分の距離に車両基地がある新大阪駅の場合、わざわざ車両留置用に側線を設置するメリットが小さい。

もしかしたら、山陽方面延長時に貨物列車の待避用側線として使用することを

鳥飼車両基地の近くにあった乗り越し高架橋

考えていたのかもしれない。新大阪駅設計時には貨物列車計画は中止されておらず、山陽方面への延長は具体化していなかったが、新大阪駅の位置選定に際して考慮するほど、実現の可能性がある事案だった。

こう考えると、暗に貨物列車に備えた設計だったこと、下り線・上り線の外側に1線ずつ側線を設けるという配線にも納得できる。20番線も27番線も、貨物新幹線の名残なのかもしれない。

新大阪駅の未来像

　交通の結節点である新大阪駅では、在来線でもさまざまな計画・構想が進んでいるが、ここでは新幹線に絞って紹介しておこう。

　まずは北陸新幹線。当初は福井県小浜市と京都府亀岡市付近を経由し、大阪府内は新御堂筋に並行する地下ルートが検討されていた。この案では、新大阪駅ホームは東海道新幹線に直交する地下ホームの設置が想定されていた。その後、京都市を経由後、松井山手駅付近の新駅を経るルートに実質的に決定したため、地下ホームを東海道新幹線と並行に置く案が有力になっている。

　リニア中央新幹線については、山陽新幹線との接続を考慮し、大阪府下では北陸新幹線南方を並行するようなルートになる可能性が高そうだ。また、山陽新幹線の新大阪駅折り返し能力が低いことから、山陽新幹線専用ホームの増設構想も語られている。

　これらを総合すると、北陸・山陽新幹線の新大阪駅ホームは、リニア中央新幹線の新大阪駅に隣接して設置されるのではないだろうか。

　さらに、北陸新幹線の開業により、新大阪駅に隣接する網干総合車両所宮原支所の必要性がますます低下することを合わせて考えると、この新大阪駅の新幹線地下ホームは、新御堂筋より西方の宮原支所地下に設置される可能性もある。宮原支所機能を移転すれば、同地はうめきた開発に次ぐ再開発地区として、JR西日本の保有資産価値を高めることにもなる。

　また、新御堂筋とJR京都線の間に新大阪阪急ビルが建設され、阪急新大阪連絡線が実現した場合、駅が新御堂筋上空よりも西側に建設されるという事実とも整合する。

　宮原支所の北側にある山陽新幹線の高架は新大阪駅構内の扱いなので、JR東海の資産であり、JR西日本・JR東海・阪急電鉄の利害は一致する。JR京都線と離れるのが難点だが、宮原支所の機能移転により、北方貨物線の旅客化や宮原東回送線の営業線転換でカバーできる。

　新大阪駅を一回りして、新御堂筋西側の歩道から宮原支所を眺めると、さまざまな可能性が見えてきて、想像力をかきたてられる。

網干総合車両所宮原支所。寝台特急の廃止以降、新大阪駅寄りの一角は、余剰車両の留置に使われることも多い

山陽新幹線記念公園

トンネルの真上から新幹線を見下ろす

写真のN700Aによる車両の標準化が進む東海道新幹線に比べると、さまざまな車両が走る山陽新幹線のほうが眺めるには楽しい

　西宮から新神戸にかけて六甲山を貫く六甲トンネルは、山陽新幹線の岡山駅開業時に国内最長の鉄道トンネルとして有名になったが、その東坑口の真上に山陽新幹線の建設を記念して公園が作られたことはご存じだろうか。この公演は、大阪平野を見渡しつつ、トンネルを出入りする新幹線を間近で見られる絶好の撮影スポットでもある。

　山陽新幹線の計画当初、大阪以西のルートは4案あったが、最終的に、西宮の上ヶ原台地から新神戸駅までを六甲トンネルで抜け、さらに神戸トンネルで須磨区に至るルートが選ばれた。おかげで、大阪平野を走り抜けてきた新幹線がトンネルに入る様子をバッチリ撮影できるわけだ。

　最寄り駅は阪急今津線の甲東園駅。今津線沿いに南に向かうと新幹線の高架に行き着く。そこから高架沿いに西へ歩き続けると、お目当ての六甲トンネルが見えてくる。甲東園から徒歩10分ほどと比較的アクセスが良く、本格的な撮り鉄も、子供連れのママ鉄も楽しめる、筆者おすすめの「見る鉄」スポットだ。

地質の悪い六甲山を東西に貫通させるルートは難工事となり、多くの殉職者が出た。このため公園には、山陽新幹線新大阪〜岡山間工事の殉職者50余名の合同慰霊碑が建てられている

JR西日本・新神戸駅

新神戸駅の隠された過去

駅西方にある神戸トンネルを抜けてきた、上りの「ハローキティ新幹線」

　在来線の接続がない駅ながら、新幹線の全列車が停車する主要駅になった新神戸駅。ホームの東側には、開業当時日本最長のトンネルだった六甲トンネル（16,250m）の坑口が、西側には神戸トンネル（7,970m）の坑口が間近に見える。トンネルにはさまれた駅を発着する新幹線を見ているだけで楽しいが、その歴史を知れば、さらに魅力が増す。

■幻の新神戸駅

　新大阪駅以西の山陽新幹線ルートの選定にあたっての最初の課題は、六甲山地をいかに通過するかだった。
　前ページで述べたように、当初4ルートが検討された。①北方迂回ルート、②中央部貫通ルート、③南麓部ルート、④海岸部高架橋ルートだ。駅に関していうと、③④案は神戸市街地に駅を設置、①案はJR宝塚線の道場駅付近に駅を設置、②案は神戸に駅を設置しない案だった。
　神戸市街地への駅設置の声が強かったため、①②ルートは落選、④は用地確保の点で難ありという判断から、六甲山地南麓にトンネルを通す案が選ばれた。
　今とはまったく違う場所に駅が設置されるどころか、駅そのものがなかった可能性もあるわけで、こういう経緯を知ると、新神戸駅を見る目もまた違ってくるのではないだろうか。

■中学校跡地に新幹線駅建設

　南麓ルートはトンネル主体なので、駅を地上におくならば、どこかで線路を地上に出す必要がある。

　そこで白羽の矢が立ったのが市立布引中学だ。三宮地区に近く、谷の中にあるため駅建設の適地と見なされ、神戸市の協力により中学校は移転、跡地の一部に駅が建設された。

　駅立地は急曲線を避けるべく選ばれたが、山陽新幹線の最急曲線＝半径4,000mは達成できず、駅は半径3,000mの曲線上に設置された。新神戸駅建設のために六甲トンネルを規格外の急曲線にして地上に露出させておき、神戸トンネルで再び地下に戻すという構造だ。

　このような立地であるため、新神戸駅にはポイントを設ける余裕はなく、新幹線では少数派になる、待避線がない駅となった。

　また現在は全列車が停車するが、開業から2003年のダイヤ改正までは通過列車があったため、開業時からホーム柵が設置されていることも特徴といえよう。かつては固定式のホーム柵を駅員が監視していたが、のちに可動柵となった。なお、2018年には２番線に新型可動柵が導入され、2019年春には１番線も交換する予定だ。通過列車がなくなったためか、柵の位置が線路に近くなり、ホームの混雑緩和につながっている。

　山陽新幹線では８両編成と16両編成があり、車両によってドア位置も微妙に異なるため、新型の可動柵は開扉幅を変えられるようになっている。

可動柵が交換された２番線。旧可動柵の一部が残っているため、新旧の柵の位置が比較できる

可動ホーム柵は各地に導入されているが、このように多数のモニターで開閉を監視するのは珍しい

　可動柵の操作盤はホーム中央部の線路側にあり、各所のモニターを見ながら開閉できる。

　また、長大トンネルに隣接するためか、ホーム事務室の近くには、大量の消火器が備え付けられている。

山陽新幹線では規格外の急曲線となる、半径3000mのカーブ上にホームがある

一般的な大きさの消火器10台と巨大な消火器が備え付けられている

1番線の駅弁売り場

左側が在来線に乗り継いで神戸市内の駅に向かうための自動改札機

■ 傑出したロケーション

　政令指定都市の中心部近くに立地する新幹線駅でありながら、駅が横切る生田川のすぐ上流には、『伊勢物語』などにも登場する布引の滝があり、駅から遊歩道が通じている。2番線ホームの山側にある窓からは、新幹線駅が横断する川とは思えない清流を眺めることもできる。

　さらに駅の近くには、布引ハーブ園に通じる布引ロープウェイの山麓停留場があり、ロープウェイ乗り場に一番近い新幹線駅でもある（ちなみに駅にゴンドラ山麓停留場があるガーラ湯沢は、上越新幹線ではなく上越線の駅という扱い）。

　ホームにある駅弁売り場は、1番線が中華街、2番線が異人館を意識したデザインになっており、観光都市の雰囲気を醸し出している。

　在来線との接続がないため、神戸市内行きの乗車券で市内のJR駅（除く道場駅）まで行く場合は、地下鉄などを利用して三ノ宮駅などに行き、在来線に乗り継ぐことができる。通常の自動改札機では、神戸市内行きの乗車券で改札を出ると乗車券も回収されてしまうが、乗り継ぎ用自動改札機を使えば、神戸市内行き乗車券は回収されない。

2番線ホームから見える生田川の清流

JR西日本・西明石駅

迫力ある走行シーンを目撃するなら西明石

N700Aとすれ違う700系の臨時「のぞみ」（下りホームから撮影）

　列車本数や輸送量で見ると東海道新幹線が断トツだが、新幹線ウォッチングに関しては、個人的には車両がバラエティに富んだ山陽新幹線に軍配を上げたい。

　全列車が停まる新大阪や新神戸で車両をじっくり観察するのもいいが、間近を高速で駆け抜ける新幹線の姿は格別だ。西明石駅は、この両方を味わえる魅力的なスポットなのだ。

■ 通過列車の迫力を味わうなら

　通過列車といえば、かつて外国人観光客の間で姫路駅での新幹線ウォッチングが人気になっているというニュースが流れ、姫路駅での通過列車見学が流行ったことがある。姫路駅は、大阪方面から来る「のぞみ」などが最初に300km/hで通過する駅なので、ホームで迫力あるシーンを体験しようというわけだ。

　しかし、迫力を決めるのは速度だけではない。線形もまた重要な要素だ。その点でいうと、通過速度では姫路駅に劣るものの、西明石駅はじつに魅力的なポイントだ。

　米原駅にもカーブがあるが、西明石駅は半径4,500mとカーブが緩く、より高速で走り抜ける姿が見られる。もっとも、このカーブだけなら300km/hでの通過が可能だが、姫路寄りに半径3,500mのカーブがあるため、西明石駅構内ではやや速度を落として通過する。とはいえ、カーブを走り抜ける新幹線の姿は迫力十分で、姫路駅にはない魅力がある。西明石駅をおすすめする所以だ。

山陽新幹線では、定期「のぞみ」全列車のN700A化が完了している。カーブした構内を走り抜ける上り「のぞみ」の姿は迫力満点（下りホームから撮影）

西明石を通過する下りドクターイエロー。季節によっては暗くなり始める時間だ

在来線コンコース（乗換通路）にある弁当売り場

だ、下り「のぞみ」を待避する列車も多いので、その場合は岡山寄りのホーム端からの撮影になる。

　定期列車の「のぞみ」はすでにN700A化が完了したが、臨時列車の「のぞみ」にはまだ700系が残る。おおむね10日ごとに走るドクターイエローも人気で、この2形式が通過する日は、見物客も撮り鉄も増える。

　駅構内に長時間滞在する場合、気になるのが飲食とトイレ。この2点について西明石駅は恵まれているとはいえない。新幹線ホームやコンコースには駅弁屋はおろか、売店もトイレもなく、いずれも在来線コンコースに降りて利用するしかない。ただ、入場券があれば在来線と新幹線を行き来できるので心配はいらない。

　しかし、新幹線乗車日に早めに出向いて新幹線を見学するときは注意してほしい。営業規則上、新幹線改札をいったん通過すると、在来線には出られないからだ。たとえば西明石駅で人気の駅弁「ひっぱりだこ飯」を購入するつもりなら、新幹線入場前に買っておく必要がある。

■なぜ兵庫県には新幹線駅が多い？

　ところで兵庫県には、新神戸・西明石・姫路・相生と新幹線駅が4つもある。九州新幹線や北陸新幹線などのように新しく建設された新幹線では、駅は国と地元

■撮影するなら、上り列車

　西明石駅で撮影するなら、下りホームのまん中あたりに陣取って、上り電車が通過する瞬間を撮るのがおすすめだ。た

自治体が公共事業として建設し、JRが運営を担う形式をとるので、駅が多くなる傾向があるが（長野県は5駅もある）、山陽新幹線は国鉄時代に開業している。

国鉄時代に開業した新幹線の駅は、原則として国鉄が営業上または運行上必要と判断したもので、それ以外の駅は開業後に地元負担で増設された。上記4駅はいずれも国鉄の判断で建設されたが、同一県内に4つも駅を作るのは非効率のように思える。

そもそも西明石・相生には市内に国鉄特急の停車駅がなかったし、西明石はいまだかつて在来線の特急・急行が停車したことがない。営業上必要な駅とは考えにくい。

では、なぜ4駅も建設されたのか。それは、夜行新幹線計画があったからだ。

19頁でも触れたように、すでに深夜帯は保線作業に当てて列車は運行しないことになっていた。しかし全国新幹線鉄道整備法の施行により新幹線が全国に建設されることが決まったため、夜行新幹線の検討が始まった。夜間は単線運転とし、他方の線の保線を行いながら24時間体制で列車を運行するという計画だった。

山陽新幹線の博多延長時から夜行運転が具体的に検討され、上下の夜行新幹線は関西ですれ違うことが想定された。とりわけ兵庫県内での列車交換（すれ違い）の増加が想定されたので、多めに駅が設置された。つまり、営業上ではなく運行上必要な駅という判断だったのだ。

和田岬線用103系の回送

西明石駅は、草津から続く在来線の複々線区間の西端にとなっている。このため、207系と321系で運転される普通電車は、原則として西明石までの運用となる。

今、在来線で注目を集めるのは、和田岬線用103系の回送だ。

通常は週1回程度、検査のために兵庫駅から回送される。

ただし、川崎重工から鉄道利用で車両を出場させる場合、兵庫駅では103系が留置できないため、網干総合車両所明石支所へ回送される。回送は列車線で行われるが、明石支所には列車線から直接入所できないので、一度、大久保まで回送し、折り返して入所するという手順をとる。

つまり、西明石駅では明石支所入庫時に2回見ることができ、夕方に出庫して兵庫に向かう時も2回見ることができる。

大久保駅で折り返し、網干総合車両所明石支所を目指す103系（西明石駅姫路方から）

国道2号線加古川バイパス

高速道路に化けた新幹線用地

現在の山陽新幹線西明石〜姫路間。かつての「弾丸列車」用地からはかなり離れている

　太平洋戦争以前、今の新幹線に相当する「弾丸列車」と呼ばれる高速鉄道の計画があったことをご存じだろうか。東海道新幹線が比較的短期間で完成したのは、東京オリンピックに間に合わせるという目標があったことが大きいが、弾丸列車計画のおかげでもある。

　弾丸列車計画は、東海道本線および山陽本線とは別に、東京〜下関間に高速運転に適した広軌幹線を建設するというもので、関釜連絡船を経て、朝鮮総督府鉄道、南満洲鉄道への接続が想定されていた（広軌といっても、国有鉄道の狭軌より広いという意味で、軌間は標準軌＝1,435ミリ、すなわち新幹線と同じだった）。

　このため、東海道新幹線建設の際、弾丸列車用に買収した土地や着工済みのトンネルが役立ったといわれている。しかし不思議なことに、山陽新幹線の工事に役立ったという話は聞かない。なぜだろうか。

　じつは、東海道新幹線の線路規格は弾丸列車と共通点が多かったため、弾丸列車のルートを採用した箇所が多かった。

　しかし、山陽新幹線は東海道新幹線より最高速度を上げることを目指し、線路規格が再検討され、より高度な規格を採用した。たとえば最小曲線半径は、東海道新幹線では2,500mだったが、山陽新幹線では4,000mとなった。

　このように規格を大幅に変更した結果、山陽新幹線では弾丸列車のルートは流用できなくなり、一からルート選定が行われることになったのだ。

　また、山陽新幹線の建設決定が遅くなったため、弾丸列車用地がすでに別の用

国道2号線加古川バイパス

弾丸列車用地を流用したといわれる赤穂線播州赤穂〜坂越間

途に転用されていたことも理由に挙げられる。その代表格が、国道2号線加古川バイパスだ。

地図を見ると、その前後の第2神明道路や姫路バイパスと比べ、曲線が極端に少ないことがわかる。実際、車を走らせても、アップダウンはあるが、バイパスの大部分でカーブがない。

現在の新幹線は姫路駅で在来線と接続するが、弾丸列車計画では姫路駅を通らずに海側に離れた場所を通過することになっていた。これは、電化区間が東京〜静岡間と名古屋〜姫路間のみで、姫路には大規模な機関区が置かれる見込みが高く、市街地ルートを避けたためと思われる。

姫路〜岡山間は、現在の赤穂線に近いルートになる予定だった。赤穂線高取トンネル出口付近から播州赤穂駅の少し手前まで一直線になっているのは、弾丸列車用地を流用したためといわれている。

また、この区間にある坂越駅構内や備前福河駅構内の用地に余裕があるのは、標準軌複線の弾丸列車線路用地を転用したためといわれている。

余談ながら、山陽自動車道赤穂インター近くの山陽新幹線大津トンネル西坑口付近は、新幹線の好撮影地として広く知られている。

神戸線東加古川駅の近くにある歩道橋から見た加古川バイパス。もしかしたら高速道路ではなく、新幹線が敷設されていたかもしれない

関西の新幹線ウォッチング名所

阪和線イチオシ撮影ポイント

阪和線の撮影地といえば、桜の名所でもある山中渓駅付近が有名だ。ただ、自然が多く残る情景はたしかに魅力的だが、列車本数が少なく、デイタイムは4両編成の223系と225系、1時間に1本の「くろしお」のみだ。撮影の効率を考えると、日根野以北をオススメしたい。イチオシは、大和川橋梁の通過シーンがねらえる浅香駅付近だ。列車本数が多く、情景もいい。

大和川は大阪市と堺市の市境だから、ぎりぎり大阪市内から外れる場所になる。阪和線天王寺口のローカル列車が折り返す鳳駅よりも天王寺寄りにあるため、阪和線では最も効率的に撮影ができる。もっとも、近年行われた車両の置き換えで103系や205系が消え、全列車がJR世代になったので、かつてのようなバラエティはない。

とはいえ、阪和線南部には足を伸ばすことが少ない225系6連が比較的多く見られるし、増備のたびにマイナーチェンジする阪和線向けの223系や225系のバリエーションを記録するのには向いている。

また、運転本数のわりに車両のバラエティに富む「くろしお」や、JR西日本では最古参の量産型特急車両281系「はるか」など、記録の価値がある列車も多い。

お手軽なのは、この写真のようにホームの北端（天王寺方）からの撮影。午後に上りホームからねらうと、このように下り列車を順光で撮影できる。ただし、正直言ってこの場所はかなり狭い。譲り合って撮影するか、改札を通って線路の西側に出て、大和川河岸からの撮影も考えたいところだ。

大和川を渡る283系特急「くろしお」（浅香駅上りホーム天王寺方から撮影）

大阪市内編

日本一の超高層ビル「あべのハルカス」をバックに走る阪堺電車（松虫電停付近）

JR西日本・大阪駅
阪急電鉄・梅田駅
阪急電鉄・新淀川鉄橋
阪急電鉄・中津駅
上淀川橋梁、下淀川橋梁、新淀川橋梁
JR西日本・福島駅
JR西日本・鶴橋駅
JR西日本・桜ノ宮駅
JR西日本・弁天町駅
阪堺電車・松虫電停

JR西日本・大阪駅

関西のJR列車が勢揃い！　大阪駅の「見る鉄」名所

南北の連絡通路から東側を望む。大屋根とは別にホーム屋根があるものの、解放感のあるつくりだ

■ 通勤電車から優等列車まで

　関西を代表する都心である梅田には、JRをはじめ、私鉄・地下鉄の駅が多数あるが、多彩な列車群の往来を楽しむなら、やはりJR西日本の大阪駅だ。

　JR京都線、JR神戸線、JR宝塚線に加え、福井・石川に向かう北陸本線を擁し、普通列車から特急までさまざまな列車が間断なく発着する。さらに、大阪市中心部を囲うようにめぐる大阪環状線の北の拠点駅でもあり、同線を通過して奈良、和歌山や関西空港を結び、快速も発着する。

■ 効率的に見るなら3・4番ホーム

　この大阪駅でとにかく効率優先で車両を眺めるのなら、3・4番ホームをおすすめしたい。

　というのも、3・4番ホームはJR宝塚線の特急「こうのとり」「丹波路快速」、JR神戸線の特急「スーパーはくと」「はまかぜ」が発車するし、金沢からの特急「サンダーバード」の到着ホームでもある（未明にはJRグループ唯一の寝台特急となった「サンライズ瀬戸・出雲」も通るが、この時間帯は関係者以外立ち入り禁止）。

　加えて、南側に隣接する大阪環状線の1・2番線に大阪環状線・ゆめ咲線用201系・323系が発着する様子も見られるし、「関空・紀州路快速」の223系・225系、「大和路快速」の221系も見える。

　隣接する5・6番ホームはJR京都・神戸線用で、新快速の223系・225系、快速ではこの2形式に加えて221系、さらに普通列車では207系・321系が現れる。

3番線から見た大阪環状線201系と、3番線に到着した683系「サンダーバード」

つまり、3・4番ホームにいれば、特急「はるか」の281系、「くろしお」の283系とローカル線用の125系を除き、JR西日本が製造し、関西で使われている在来線電車のすべてを見られる。

3・4番ホームを発着する列車は始発や終着が多く、停車時間が長いこともメリットだ。1・2番ホームや5・6番ホームを発着する列車も観察するなら、ホームの端で待つのがよい。

ちなみに「トワイライト・エクスプレス 瑞風」も3番ホームで見られる（山陽下りコース・周遊コースの出発と、山陰上りコースの到着）。ただし、運転日はランダムなので、JR西日本のホームページで運転日を確認しよう。

■ **ホームと列車を俯瞰する**

列車を眺められるのはホーム上だけではない。2011年の5代目大阪駅「大阪ステーションシティ」の開業に際して、サウスゲートビルディングとノースゲートビルディングを結ぶ連絡橋が新設されたおかげで、ホーム上空からも列車の往来を眺めることができるようになった。

改札口がある連絡通路の改札内にも、線路が見下ろせるコーヒーショップやベンチのある待合スペースができたので、乗りかえ時のちょっとした時間つぶしにも使える。

連絡通路のベンチは混んでいて座れない場合があるので、長く滞在するなら、連絡通路の上にある「時空の広場」がおすすめだ。イベント会場になることも多いが、ステージを使ったショーでも開催されていなければ、たいてい空いている。

なにより、頭上にあるのはホーム全体を覆う大屋根だけなので、開放感に溢れている。構内にこうした大空間がある駅は、国内ではここだけだ。

■ **食事をとりつつ駅を観察**

ノースゲートビルディングの専門店街「ルクア」の飲食店のなかには、大阪駅を見下ろすことができる店舗もある。

若い女性をメインターゲットとする店舗が多いので、男性だけだと気後れする

連絡橋改札内通路8・9番線上空にあるカフェ。足下でJR宝塚線列車の到着とJR京都線快速・新快速の発車が繰り返される

ノースゲートビルディング7階と「時空の広場」を結ぶエスカレーターからの光景

「時空の広場」全景。手前の左側にあるのがカフェ「デルソーレ」。コーヒーブレイクや軽い食事も可能だ。

かもしれないが、10階「ルクアダイニング」なら、万人向けの飲食店もあるので入店しやすい。ただ、駅構内が見下ろせる店は、ビュッフェレストランの「ザ・プラチナム」と「元気になる農場レストラン モクモク」、とんかつ「まい泉」、うなぎ「徳」などに限られる。

　個人的におすすめしたいのは、7階にある「ワイアードカフェ」。テラス席もあるので、大阪駅を見下ろすのにもってこいだ。

■旧11番線ホームの再利用

　地方に行くと、廃止になった駅舎をバスターミナルとして有効活用する例がよく見られる。東日本大震災の大津波で壊滅的な被害を受け、BRT（バス・ラピッド・トランジット）のバス乗り場として改修されたホームも、この部類だろう。

　じつは大阪駅でも旧ホームを再利用し

ルクアダイニングには、大阪駅を見下ろせるテーブルがある店が数軒ある。ただ、時空の広場はよく見えるが、線路はよく見えない店もある。店選びは慎重に

ルクア7階のワイアードカフェにはテラス席があり、駅構内の雰囲気が伝わる

ている場所がある。ほかとはちょっと異なる利用法だ。

ノースゲートビルディングの西側に、「ルクア1100」2階の西出口から大阪ステーションシティ駐車場に向かう通路と、西出口のタクシー乗り場へのタクシー専用道路がある（右写真）。

この通路は、大阪駅旧11番線ホームを転用したものだ。したがって、隣接して建つノースゲートビルディングは、旧10～11番線線路と旧11番ホームの跡地に建てられたことがわかる。

旧11番線ホームを転用した駐車場に通じる通路と旧10・11番線跡を転用したタクシー専用道路

■JRにも「梅田駅」があった

梅田にあるJRの駅は大阪駅、阪急・阪神・地下鉄の駅は梅田駅ということは関西人なら常識だが、実はJRにも「梅田駅」があった。もともとは国鉄の貨物駅で梅田貨物駅と呼ばれることが多かったが、正式名称は「梅田駅」だった。

この梅田駅の土地は、国鉄の債務返済のために売却される予定だったが、梅田貨物駅の移転先が見つかるまで、JR貨物が貨物駅として継続使用していた。しかし貨物駅機能が吹田貨物ターミナル駅、百済貨物ターミナル駅に移転されると、JRの梅田駅は廃止されてしまった（36頁上段写真参照）。その後、先行廃止部分が再開発されて「グランフロント大阪」となり、現在、残りの区画の再開発が進められている。

梅田駅の西側には、新大阪から梅田を経て大阪環状線・福島駅付近に至る東海道線支線（通称・梅田貨物線）が延びていて、新大阪から関西空港に向かう特急「はるか」や和歌山方面に向かう特急「く

ろしお」が走る姿も見られる。

梅田貨物線や「うめきた2期地区」は、梅田ノースゲートビルディング11階にある「風の広場」から見下ろすことができる。グランフロント大阪南館9階のテラスガーデンからもよく見えたが、残念ながら今は改修工事中で立ち入り禁止。

梅田貨物線という通称ではあるが、貨物列車はほとんど通らないので、貨物列車を見るなら『貨物時刻表』などで事前に調べてから行こう（『貨物時刻表』は鉄道貨物協会が年1回発行する時刻表。通常は春のJRグループダイヤ改正に合わせて発行される。ただし、取扱書店はきわめて限られているので、確実に入手するなら協会ホームページでの購入が便利）。

■「うめきた」開発のこれから

現在、梅田貨物線を地下化したうえで大阪駅北口直近に迂回させ、新たに駅を設置する工事が進められている。この新駅は「うめきた駅」という仮称で呼ばれることが多いが、大阪駅に隣接しているため、大阪駅地下ホームとする案も検討しているそうだ。

また、建設の動きが具体化した「なに

晩年のJR梅田駅をノースゲートビルディング「風の広場」から望む（2013年）

わ筋線」が乗り入れるのもこの新駅だ。現在工事中の駅は島式ホーム2面4線だが、この規模のまま、なにわ筋線が乗り入れるのか、ホームをもっと増やすことになるのか、なかなか興味深い。

なにわ筋線といえば、阪急の「なにわ筋連絡線」構想もある。阪急には東海道新幹線の開業に合わせて取得した十三〜新大阪間の新線免許がある。十三からなにわ筋線に接続する新線を建設し、十三〜新大阪間の新線と合わせれば、阪急各線から難波方面への利便性が向上するというわけだ。

なお、2019年春に新大阪まで延伸される「おおさか東線」は、新大阪駅で梅田貨物線上にあるホームに乗り入れるので、この地下線が開通したら新駅まで乗り入れる可能性が高い。

このようにさまざまな計画が進行中の「うめきた」を眺めながら、未来の姿を夢想するのも楽しい。あるいは、貨物駅時代をご存じの方は、昔の様子を偲ぶこともできる。過去と未来が交錯するのが、今の「うめきた」だ。

新設の地下駅部分の掘削がほぼ終了した梅田駅跡（2018年5月）。梅田駅跡の開発が進む今、「風の広場」から見る光景はどんどん変わるので見飽きない

改修前のグランフロント大阪テラスガーデンから撮った梅田駅跡と梅田貨物線を走る特急「はるか」。貨物線地下化工事も始まっている（2017年）

JR西日本・大阪駅

段差だらけの大阪駅

　大阪駅には段差が多い。ふだんは意識しないが、中央改札からホーム階段へ向かう途中に小階段があるし、中央コンコースから大丸百貨店や桜橋口に行く際にも小階段に出くわす。御堂筋口にも、なくても良さそうな段差がある。

　じつは、こうした段差こそ、大阪駅に地盤沈下した過去があることを物語るものだ。

　今でこそ大阪を代表する繁華街となった梅田だが、江戸時代は大坂の町外れの低湿地だった。そこを埋め立てて田畑としたため「埋田」と呼ばれていたのだが、埋田では印象が良くないので「梅田」になったという。

　さらに梅田貨物駅の建設当時は、貨物駅から堂島川に通じる水路が掘られ、船が乗り入れていたのだが、水運が衰退すると水路を埋め、貨物ホームが拡張された。道理で地盤がゆるいわけだ。

　加えて昭和初期に工業用水として地下水を汲み上げたものだから、昭和20年代後半から至るところで地盤沈下が生じた。一時は現在の東淀川駅付近に新しい「大阪駅」をつくる案もあったというから、相当な沈下だったのだろう。

　結局、移転案は影響の大きさや巨額の費用の点から断念され、代わりに駅舎を支える杭を取り替えるという難工事を数年がかりで実施し、1962年頃、ようやく地盤沈下が解消したという。

阪急電鉄・梅田駅

私鉄ターミナルの頂点、梅田駅を堪能する

1号線ホーム先端近くから見た京都線・宝塚線・神戸線電車

■ 荘厳なターミナル

　阪急電鉄の梅田駅は、日本の私鉄ターミナルを代表する駅だ。京都線（1～3号線）、宝塚線（4～6号線）、神戸線（7～9号線）が乗り入れる阪急電鉄最大の結節点であり、1日平均50万人超が利用する。

　乗降客数で見るなら、もっと多い駅が首都圏にあるが、主要幹線3路線が横並びになったターミナル駅は私鉄ではほかに例を見ない。10面9線が大屋根で覆われた様はまさに壮観で、頭端式のホームは利便性の点でも優れている。

■ 梅田駅ならではの3線同時発車

　3階改札口に横一列に並ぶ43台もの改札機、定期的なワックスがけで常に輝くホーム床面、頭上にずらりと並ぶ発着表示器……梅田駅ならではの光景は随所にあるが、見どころは何と言っても京都・宝塚・神戸本線の3線同時発車だろう。

　各線とも日中は10分間隔の運行なので、そう粘らずとも目撃できる。各線の発車メロディが流れ出し、静々と3本の列車が一斉に動き出す様は何度見ても胸が高鳴る。

　朝ラッシュ時と京都線の一部を除き、梅田発着の列車はすべて8両編成だ。首都圏では昼間も10両編成の私鉄路線が少なくないが、関西では昼間も8両編成が基本なのは、阪急と京阪、南海本線の特急「サザン」ぐらいだ。

■ ホームを見下ろす特等席

　ターミナル駅の典型としての梅田駅を

9号線の正面にある「カフェ・プレンティ」。分煙制を導入しているが、喫煙区画は奥にあるので駅眺望はイマイチ

1号線正面にある「カフェ・リラ」。JRや他の私鉄では1番線・2番線……が一般的だが、阪急では1号線・2号線……と呼ぶ

じっくり観察するなら、改札内1号線側にある「cafe LILAS（カフェ・リラ）」、9号線側の「cafe Plenty（カフェ・プレンティ）」がおすすめだ。

両店とも梅田駅の天井の高さを生かして一段高い位置に店があるので、ホームのかなりの部分を俯瞰できる。梅田駅で待ち合わせでもしないと利用する機会はないだろうが、大きな窓越しに列車の発着や人の往来を眺めるのはなかなか楽しい。

喫茶店下のラガールショップは阪急グッズが充実しているので、頻繁にチェックしたい。限定グッズはレールファン以外にも人気が高く、売り切れになることもめずらしくないからだ。

また、列車を見ることはできないが、1号線には「阪急そば」もある。もっとしっかり食べたい人には、中央コンコースにあるつけ麺・ラーメン

「カフェ・リラ」からの眺め。土日・祝日限定の「京とれいん」待ちも、ここなら苦にならない

コーナーの席なら、梅田駅全体を眺めながらのコーヒーブレークが可能だ

の「京都 麺屋たけ井」と鮮魚料理・寿司の「高木鮮魚店」もあり、撮影待ちが長いときには重宝するだろう。

阪急電鉄・新淀川鉄橋

3複線区間を疾走するマルーンを目撃せよ！

新淀川鉄橋を渡って十三駅に向かってくる京都線と宝塚線の電車（1号線ホーム梅田寄りから撮影）

■ 見応え十分！　マルーンの競演

梅田駅を出発した阪急電車は、中津駅を通過し、淀川を渡る。日中は神戸線・宝塚線・京都線が同時に梅田を発車することが多いので、3線の電車が頭を並べて走るはずだが、実際はなかなか揃わない。乗車都合で発車のタイミングがずれることがあるし、完全に同じタイミングで発車したとしても、梅田駅を出てすぐに現れるカーブのため、外側の京都線を走る電車がやや遅れるからだ。

また、神戸線・宝塚線の電車は中津駅を通過する際に徐行するため、今度は京都本線の電車が前に出がちだ（京都線には中津駅がない）。

こういうわけで、完全に横並びの瞬間を目撃するのは難しいが、3線の電車が並走するシーンを1日に何十回も見られる区間は全国でもここだけだ。

■ 私鉄唯一の3複線区間？

梅田〜十三間は、国内私鉄唯一の3複線区間と紹介されることが多いが、厳密に言えばこれは違う。国土交通省から免許を受けている京都線の起点駅は十三だが、宝塚線も神戸線も、起点は梅田駅。免許のうえでも、神戸線と宝塚線は梅田〜十三間を並走することになっている。

一方、京都線のレールは、免許上は宝塚線の複々線区間となっている。つまり、重箱の隅を突くようで恐縮だが、免許のうえでは複線の神戸線と複々線の宝塚線の2線が並んでいることになる。

■ 新淀川鉄橋に残る阪急の歴史

京都線だけ妙な扱いになっているのには理由がある。

宝塚線・神戸線は阪急電鉄草創期からの主力路線だが、一方の京都線はもとも

宝塚線（左）と並んで十三駅に到着する神戸線電車。両線の間にある引き上げ線を利用して、神戸線・宝塚線と京都線を行き来できるようになっている。この引き上げ線がなければ、行楽シーズンの神戸・宝塚線からの嵐山直通列車が運転できないだけでなく、阪急全車両を担当する正雀工場への入出場が不可能になる。阪急の生命線だ

阪急電鉄・新淀川鉄橋

と別の会社によってつくられた。千里丘陵の宅地開発のために北大阪電気鉄道が計画した路線で、暫定的に十三を起点としていたのだが、同社はその後、京阪が設立した新京阪鉄道に買収された。そして新京阪により、天神橋筋六丁目から十三を経由して淡路に至る路線が建設されたのだ。

新京阪鉄道が京阪電鉄に買収され、さらに戦時統合で京阪電鉄と阪神急行電鉄（のちに阪急電鉄に改称）が合併すると、京都から梅田への直通運転が始まり、59年の宝塚線の複々線化完成を経て、京都線は実質的に梅田始発となった。

当時、神戸・宝塚線は軌道法による私鉄路線で、京都線は地方鉄道法による私鉄路線だったので、京都線として梅田〜十三間を建設すると新規路線の扱いとなり、新たに免許を取得しなければならない。これを避けるため、京都線を既存の宝塚線の複々線区間として扱ったという次第。

このように京都線は、宝塚線や神戸線より後に建設されたため、橋梁の位置が高く、京都線の中津駅にはホームが設置されなかった。

十三駅といえば「阪急そば若菜」

阪急の改札内飲食店第1号は、十三駅の「阪急そば」だ。ホーム上の店舗としては広く、立ち食いではなく椅子があり、「阪急そば若菜」という店名になっている。

阪急そばの旗艦店として、独自メニューが投入されることもある。一時期、東京の「富士そば」に「ポテそば」（フライドポテトとそばのセット）というのがあったが、実はここ十三の「阪急そば」が発祥だ。

梅田と並ぶ大結節点の十三には食べものを扱う店がほかにもある。2号・3号ホームには、みたらし団子が人気の「喜八洲」もある。香ばしく焼かれた蒸し団子に熱々のタレがたっぷり絡んだみたらし団子は、ちょっとした手みやげにもぴったりだ。西口から50mほど先に本店があるが、ホームで手軽に買えるのが嬉しい。同じホームには、豚まんでお馴染みの「551蓬莱」もある。夏ならアイスキャンデーも美味しい。休憩がてら落ち着いてお腹を満たしたい人は、2・3号線のコンビニ「アズナス」の階上にあるカフェ「FREDS CAFE」がいいだろう。

阪急電鉄・中津駅

消滅寸前の遺構──中津駅に歴史をたずねる

阪急中津駅の狭いホーム。両側に列車が停まると、圧迫感を覚える

■小さな駅に秘められた歴史

　阪急の梅田駅を出て大きな左カーブを過ぎた先、新淀川鉄橋の手前にあるのが中津駅だ。1926年の神戸線複線化の完成にともなう宝塚線の高架化当初からある歴史のある駅だが、ホームが非常に狭く、上下の電車が通過すると怖いくらいだ。

　淀川花火大会の日こそ混雑するが、主要3幹線が通るにもかかわらず、1日あたりの平均乗降客は1万人弱と多くはない。しかも大阪メトロ御堂筋線の中津駅とは500mほど離れていて、乗りかえに便利とも言えない。立地のわりに存在感が薄い駅だ。

　しかし、この小さな駅にも見るべきところがある。

■「阪神北大阪線」の痕跡

　いまでは知る人も少ないだろうが、中津にはその昔、阪神北大阪線の中津電停があった。北大阪線というのは阪神野田と天神橋筋六丁目（天六）を結んでいた路面電車で、阪神国道線（国道2号線上の路面電車）と共通の車両が使用された。

　中津電停は阪急中津の南側を通る国道176号線沿いにあり、連絡階段で阪急の改札口と結ばれていた。阪神北大阪線は1975年に国道線、甲子園線とともに廃止されたが、この連絡階段だけは今でも歩道への通路として使われている。数少ない北大阪線の遺構だ。

　なお、路面電車と書いたが、北大阪線のうち、阪急線に沿って国道176号線を通る区間のみは併用（路面）軌道でなく、通常の線路（新設軌道）になっていた。

境界フェンス沿いに、古いフェンスに使用されていたと思われる古レールの断面が露出している。上下が同形の双頭レールであることがわかる

阪急線との交差地点にある梅田貨物線と側道の境界フェンス

阪急電鉄・中津駅

廃線後、線路跡は歩道と車道拡幅用地に転用されて現在に至る。

■ 双頭レールのフェンス跡

　阪急中津駅の梅田寄りすぐは、トラス橋になっている。この下はJR梅田駅の北端部だったが、現在はJR梅田貨物線が通過するのみ。「うめきた」の開発にともない、阪急との交差地点の北側から地下化する工事が進行中で、交差地点は道路になる予定だ。

　この地点のフェンスに、双頭レールを使用していた痕跡が今でも確認できる。双頭レールはイギリスで考案されたレールで、上下を反対にして再利用できるように、レールの頭部と底部が同じ形になっている。日本に鉄道が導入された頃にヨーロッパなどで使用されており、国内では新橋〜横浜間、大阪〜神戸間、京都〜大津間で使用された。中古レールは、ホーム上屋の柱などさまざまな用途に転用されているが、双頭レールの転用はめずらしい。

　中津の場合は、フェンスとして使用されていた痕跡なので、埋められていた部分の断面が残っているだけなのが残念だ。そしてこのわずかな痕跡も、道路が再整備されると、なくなってしまう可能性が高い。見るなら今のうちだ。

　国道176号線の南側歩道からは、梅田駅跡地をバックに走る貨物列車や特急「はるか」「くろしお」を見ることができる。これもまた今しか見ることができない光景なので、脳内にとどめておきたい。

阪神北大阪線の中津電停と阪急中津駅の連絡階段。横の車道が北大阪線跡

大阪市内編

上淀川橋梁、下淀川橋梁、新淀川橋梁

淀川堤防で鉄道をのんびり満喫する

上淀川橋梁を渡る287系。JR京都線の列車のほか、大阪始発のJR宝塚線列車なども見られるのが上淀川橋梁の魅力だ

■ JRと大阪メトロの淀川越え

京都と大阪が鉄道で結ばれた1876年当時、淀川の河口部は未改修だったが、85年の水害を契機に抜本的な改修が計画され、放水路として整備された。

この時、淀川に2つの鉄道橋が隣接して架けられた。大阪駅の京都寄りにある上淀川橋梁（1901年竣工）と、神戸寄りにある下淀川橋梁（1902年竣工）だ。下淀川橋梁は、1967〜71年に近代的なトラス橋に架け替えられたが、上淀川橋梁は架設から100年以上経った今も現役だ。

この2つの橋梁から下流側（西側）に300mほど行ったところには新淀川大橋もある。大阪メトロ御堂筋線と国道423号線（新御堂筋）との併用橋で、1964年の新幹線開業に先立って竣工している。

■ 多くの列車が行き交う上淀川橋梁

上淀川橋梁は、東側から①東海道本線（JR京都線）下り〔プレートガーダー橋、1939年竣工〕／②同上り〔トラス橋・1901年竣工〕、③東海道支線（梅田貨物線）〔トラス橋、1928年竣工〕の3本の複線橋梁で構成される。

プレートガーダー橋は、鋼板で組み立てた橋桁を横置きした単純な方式の橋梁で、橋桁の上にアーチなどの補強を持たない。トラス橋は三角形を組み合わせたトラス構造を持ち、プレートガーダー橋より軽量にできる利点がある橋梁だ。

同じトラス橋でも、上り線はアメリカ製のトラス桁、貨物線は国産のトラス桁と仕様が異なり、日本の工業水準の発展過程を見るようだ。

上淀川橋梁を眺めるときは、上流側（東側）に立つのが良い。トラス橋のような

上淀川橋梁。「トワイライトエクスプレス」の引退前には、撮り鉄のみならず普通の老若男女が大勢集まった

新御堂筋上下線の間を通る御堂筋線。橋上からはわからないが、橋脚は道路と共用だ

上部構造物がないプレートガーダー橋が手前になるので、撮影にも向いている。

2000年代のはじめ頃までは、高校野球の応援に団体列車が頻繁に利用されていたので、東北や北陸の高校が出場する日は撮り鉄で賑わっていたが、今となっては懐かしい光景だ。比較的最近では「トワイライト・エクスプレス」の定期運行廃止の発表から運行終了までが賑わっていた時期だろうか。とはいえ、今も撮影に適した場所であることに変わりはない。

撮影や眺望をじっくり楽しむなら、左岸（下流に向かって左側）の堤防がベスト。最寄り駅は御堂筋線の中津か、谷町線・堺筋線の天神橋筋六丁目だが、大阪駅からバスを利用して豊崎神社前で降りると徒歩10分ほどで着く。

■ 地下鉄ではめずらしい併用橋

梅田から御堂筋線で新大阪に向かうと、中津を出ると地上に出て、新御堂筋の中央を通って新淀川大橋を渡る。この橋は道路と鉄道で同じ橋脚を利用しているので、併用橋に分類される。

併用橋と聞くと、路面電車のような併用軌道で道路を電車が走る光景や、瀬戸大橋のように上段を道路、下段が鉄道というスタイルを思い浮かべる人が多いかもしれない。しかし、新淀川大橋のように、橋脚を共用するのみで、道路橋と鉄道橋が隣接しているように見える併用橋もある（新淀川大橋以外では、長野電鉄村山橋〔2009年竣工〕や北陸新幹線九頭竜川橋梁〔工事中〕がある）。

こういうめずらしい構造になったのにはわけがある。

御堂筋線には、戦前から大阪市域の北端付近まで延長する計画があった。一方、これとは別に、戦前に鉄道省による弾丸列車計画（16頁参照）が策定されており、大阪駅を現在の新大阪駅に近い場所に設置する案があった。弾丸列車計画は戦況の悪化により立ち消えになったが、弾丸列車用として淀川に架ける予定だった橋梁の橋脚だけは完成していた。

そして戦後になって、弾丸列車計画を引き継ぐかたちで東海道新幹線が具体化したが、ルート変更で淀川を越える必要がなくなり、橋脚は無用となった。この橋脚を利用して作られたのが新淀川大橋で、御堂筋線の延長と新御堂筋の建設が行われたという次第だ。

手軽に見学するなら、淀川や橋脚は見えないが、下路アーチ橋のアーチが確認できる西中島南方駅ホームがいい。下路アーチ橋（アーチを路面より上に架けて、アーチで路面を吊る方式。カマボコの断面のような形）のアーチが確認できる。

JR西日本・福島駅

梅田貨物線を「かぶりつき」で見学！

左：福島駅出口から北側を向かうと、梅田貨物線の踏切の先にミスタードーナツが見える
右：店内からの眺め。列車が通過していないのでわかりにくいが、環状線高架の手前を梅田貨物線が通る

　大阪環状線の福島駅は、大阪市内を南北に走る幹線道路「なにわ筋」の交点にある高架駅だ。高架なので、自動車は駅の下を自由に往来できるはずだが、そうは行かない。なぜなら、福島駅のすぐ下に踏切があるからだ。

　知らない人は高架駅に踏切と聞いて混乱するかもしれないが、話は簡単。この踏切は大阪環状線の北側を並走する梅田貨物線だ。吹田貨物ターミナルから新大阪を経て大阪環状線をむすぶ東海道支線（梅田貨物線）は、かつて貨物駅の梅田駅が地上にあった関係で、福島駅では地上を通っているのだ。

　大阪の中心部を通過する路線であれば通過列車も多いはずで「開かずの踏切」になるおそれがあるが、幸い単線だから踏切は頻繁に開く。うめきたエリアの梅田貨物線が地下化されても、踏切のまま残るはずだ。将来、「なにわ筋線」が開業したとしても、安治川口を発着する貨物列車のために残ると思われる。

　この踏切を間近で見るのに最も適した店が、駅北側にあるミスタードーナツだ。

　ミスタードーナツに入店すると、なにわ筋に面する正面のガラス扉や南側の大きなガラス窓越しに、特急「はるか」の281系や特急「くろしお」の283系・287系・289系、EF210牽引の貨物列車など、梅田貨物線を通る列車が眺められる。

　ただ、天気がよい日は南面窓のカーテンを降ろしてしまうことが多いようなので、トレインウォッチングに訪問するなら曇天の日がよいかもしれない。

旧梅田駅から高架に向かう特急「くろしお」。左手前に見える「なにわ筋」踏切の横にミスタードーナツがある

JR西日本・鶴橋駅
トレインウォッチャー御用達のハンバーガーショップ

ロッテリアの店内から見た鶴橋駅ホーム

　その昔、王寺駅や十三駅など、駅ビルに出店したハンバーガーショップがホームに面して注文窓口を設けたり、改札内に本格的な店舗を設けたりしたことがあったが、いつのまにか閉店してしまった。

　これらの先例では、客席がなかったり、客席から駅構内が見えなかったりしたが、鶴橋駅外回りホームの南端に登場したロッテリアは、トレインウォッチャーにとって優良店舗だ。ホーム側は全面ガラス張りで、外向きのカウンター席は、ホーム越しに大阪環状線が見放題。しかも店内トイレがあり、乗車寸前までトレインウォッチングを楽しめる。

　1961年の環状線成立以来、大阪市内に在住・在勤する人々の足として日夜列車が往来する大阪環状線。一時期は大和路線や阪和線から103系も乗り入れ、大和路快速の221系は原型車とリニューアル車が混用されるなど、車両のバラエティに富んでいたが、今は以前ほどではない。

　それでもマイナーチェンジの多い「関空・紀州路快速」の223系と225系など、見比べる楽しみがある。大阪環状線内のみで運行され、まもなく323系への置き換えが完了する201系も見られる。

　ホーム上の飲食店には、立ち食いそばやコーヒースタンドなどさまざまあるが、ここまで利用者のトレインウォッチングに配慮（？）した店舗は、阪急梅田駅ホームにある喫茶店ぐらいしか思いつかない（39頁参照）。鶴橋といえば焼肉のイメージが強いが、手早く食事をとりつつ電車を眺めるなら、ここ鶴橋駅のロッテリアをおすすめする。

　ちなみに鶴橋駅に漂う焼肉のにおいは、2001年に環境省によって「かおり風景100選」に選ばれている。用が済んだら、魅惑的なかおりに誘われて、鶴橋の街をぶらつくのも悪くない。

ホーム上のロッテリア。これほどトレインウォッチに適した飲食店はめずらしい

JR西日本・桜ノ宮駅

桜之宮にある明治の鉄道遺構

桜之宮公園と大阪環状線323系電車（桜ノ宮〜天満間）

■「鉄道×桜」の撮影名所

　大阪環状線桜ノ宮駅が隣接する桜之宮公園は、その名のとおり大阪市内きっての桜の名所。大川（旧淀川）の両岸に伸びる公園で、南天満公園、毛馬公園、蕪村公園と合わせて全長4.2kmの毛馬桜之宮公園を構成する。

　桜の季節には多くの花見客で賑わい、その中に混じって、桜を絡めて環状線の電車の撮影にいそしむレールファンを見かけることも多い。

■桜ノ宮の隠れた魅力

　桜ノ宮の魅力は、しかし桜だけではない。付近にはレールファン向けの名所（?）、謎の名称を持つ環状線の架道橋やレンガ構築物がある。桜ノ宮駅の内回り線ホームからも見えるレンガ造りの橋台もそのひとつだ（次頁上段写真）。

　1895年、今の大阪環状線の一部となる天王寺〜玉造〜大阪間が開業した。現在のJR難波駅にあたる湊町と奈良を結んでいた大阪鉄道（初代。のちに関西鉄道に合併される）と官設鉄道を接続するために作られた線区だ。レンガ造りの橋台は、当時、大川に架けられた橋梁の遺物と思われる。

　1933年に大阪環状線の東半分（城東線）が電化され、それに合わせて大阪〜桜之宮間が高架化されると、この橋台は使われなくなったが、撤去が面倒だったからか、あるいはあえて明治の遺物を保存したのか、今も当時の面影を見ることができる。

ホームの南側には、非電化時代のレンガ造り橋台が今も残る

なお桜ノ宮には、1907年に国有化されるまで全国有数の大私鉄として君臨した関西鉄道の桜ノ宮線が1901〜13年に乗り入れていた（大阪市立東高校付近にあった網島駅から延長していた）。この遺構も駅東側に残っていたが、現在は見られなくなっている。

■ 幻の「京阪桜ノ宮駅」

昭和になってからも、桜之宮への乗り入れを計画した鉄道会社があった。天満橋を起点に京都までの路線を運行している京阪電鉄だ。

桜之宮駅東口から100mほど東方にある環状線の架道橋に「京阪電鉄乗越橋」と記されたプレートがある。昭和7年竣工とあることから、1933年の大阪〜桜ノ宮間の高架化にともなう桜ノ宮駅の改築時に建設されたものと思われる。

現在は、京阪の影も形もない桜ノ宮だが、この当時、京阪電鉄は梅田乗り入れの野望を抱いていた。野江で分岐し、桜ノ宮経由で梅田に向かう新線計画だ。

桜ノ宮〜梅田間は、高架化で不要になる旧城東線線路跡の払い下げを受け高架線を建設する計画で、京阪梅田駅を阪急梅田駅（現在の阪急グランドビルの位置にあった）に隣接させる予定だった。

ただ、京阪が梅田に乗り入れていたら、前半で紹介したレンガ造りの橋台は残らなかったはずで、この2つの名所は、京阪が梅田への乗り入れを断念したから残ったともいえる。

ついでながら、200mほど北側にある桜ノ宮リバーシティは、国鉄の貨物駅淀川駅と淀川電車区の跡地だ。1985年に淀川電車区が東大阪市に移転するまで当地にあったが、残念ながら、こちらも当時の面影はまったく残っていない。

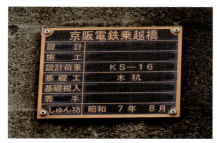

「京阪電鉄乗越橋」という名称が確認できるプレート

京阪電鉄乗越橋。斜めに交差する計画だったため、橋脚が斜め方向になっている。跨線橋を利用した高架下店舗の向きも斜めだ

JR西日本・弁天町駅

弁天町で発見！ 2つの歴史的遺産

　弁天町駅というと「交通科学博物館」を思い浮かべるレールファンもまだ多いと思う。京都鉄道博物館に移行するかたちで閉館したため、弁天町駅を訪れる人はめっきり少なくなっただろうが、弁天町駅をはさむ大正駅から西九条駅までのエリアには、国鉄の見放した夢の痕跡がある。

　交通科学博物館の思い出を辿りつつ、国鉄の夢の痕跡も追ってみよう。

■ 高架に残る博物館の名残

　弁天町駅の内回りホームに降り立つと、交通科学博物館の屋外展示場を見下ろすために開けられた窓がある。ホームベンチの明かり窓として活用されているようだが、窓の外には義経号やキハ81形気動車が置かれていた屋外展示場はなく、いまやすっかり更地だ。

　かつては国道43号線から見えた、ディーゼル機関車が保存されていた第2展示場も、また0系新幹線やEF52形を保存するために、国道43号線側に高架下からはみ出る形で増築されたエリアも同様に更地だ。

　ついつい感傷に浸ってしまうが、ここで注目したいのは弁天町駅の高架橋の構造だ。

　よく見ると、弁天町駅の高架橋はホーム部分と線路部分の構造が異なっている。ホーム部分は一般的な高架橋と同じ鉄筋コンクリート構造だが、線路部分は橋梁と同じ鋼製桁が使われているのだ。建設当時の技術では、鉄筋コンクリート構造よりも鋼製桁を使用したほうが橋脚の数が少なくて済んだので、弁天町駅でも鋼製桁を用いた部分は橋脚の数が少なくなっている。おそらく、高架下スペースを博物館として使用しやすくするため、わざわざ異なる構造を採用したと思われる。

　交通科学博物館があった当時、館内で

以前は、内回り線ホームの窓から交通科学博物館屋外展示場を覗くことができた

第2展示場跡。かつてはここにディーゼル機関車3台が屋外展示されていた

国道43号線歩道から見た交通科学博物館跡。0系新幹線とEF52が展示されていた

聞こえる列車の通過音がやけに大きいと思っていたが、裸になった高架橋を見て、その理由が初めてわかった。

なお、閉館時に商業施設への転用を検討するという発表があったが、2018年11月末にスポーツ施設、コインパーキングとして2021年まで使われることが発表された。

■ 大阪環状線貨物線の名残

西九条と今宮を結ぶ構想は、今宮〜大阪港（貨物駅）間の臨港貨物線が計画された大正時代からあった。同線用に建設された大正駅付近の尻無川橋梁や木津川橋梁は複線用で設計され、今も大阪環状線用に使用されている。ただ、当時は安治川を利用した舟運が盛んだったため、西九条付近での架橋ができず、実現に至らなかった。

戦後、安治川の舟運利用の形態が変化し、他方、架橋技術も発達したため、課題解決の目処が立ったが、もう1つの課題が残った。それは西九条から臨港貨物線への新線を建設し、吹田操車場と大阪港駅を直結する構想だ。

これを実現するには、福島〜西九条間のように、旅客用の複線と貨物用の単線を建設する必要があると考えられ、用地だけは確保されたが、貨物線建設は先送りされた。

これが弁天町付近の大阪環状線高架の西側に確保さ

れた国鉄用地で、その一部が交通科学博物館の増築用地に、弁天町駅以南では歩道の拡幅に利用された。

貨物線予定用地を使用して拡幅した国道43号線の歩道

境川信号場跡。内回り・外回りの間から臨港貨物線が分岐し、外回り線と立体交差していた

阪堺電車・松虫電停

日本一のビルとチンチン電車を一緒に撮る

あべのハルカスを背にして、あべの筋を走る上町線（阿倍野〜松虫間）

　東京に都電荒川線が残っているように、大阪にも路面電車が残っている。残念ながら、1903〜69年に大阪市内を縦横無尽に走っていた大阪市電は全線廃止になったが、南海電鉄系の阪堺電気軌道が大阪市南部から堺市にかけて、上町線と阪堺線の2路線を運行している。

　阪堺電車上町線の起点は天王寺駅前、高さ日本一の超高層ビル「あべのハルカス」の下が起点だ。

　東京・池袋にアジア一の超高層ビル「サンシャイン60」が建った時、同ビルをバックに都電を撮影することが流行ったが、今度は大阪で「あべのハルカス」をバックに阪堺電車を写すことが流行っている。

　チンチン電車は松虫電停の手前まであべの筋の中央を走るので、この区間ならどこでもハルカスが見えるが、松虫電停の近くのほうが電車とハルカスのバランスが良い。

　松虫電停以南の上町線は、北畠（きたばたけ）付近まで新設軌道を通るので、あびこ筋とは異なる雰囲気の沿線風景が見られる。再び路面区間となる北畠以南は、路面電車が通過する道としては幅が狭いので、時代離れした光景が見られる。

日本最後の通常営業用電車モ161形（住吉付近）　　最新鋭の低床電車1001形（住吉付近）

大阪北部編

「KUZUHA MALL」SANZEN-HIROBAで保存されている旧3000系3505号

大阪モノレール線
大阪モノレール・山田〜千里中央間
北大阪急行・桃山台駅
阪急電鉄・石橋駅
京阪電気鉄道・京阪本線

大阪モノレール線

「走る展望台」大阪モノレールで空中散歩

門真市駅の折り返し線でポイント転換の完了を待つモノレール

大阪モノレール（大阪高速鉄道）は大阪空港駅と門真市駅を結ぶ路線で、主に中央環状線（府道2号線）の上空を通過する。途中、万博記念公園駅で分岐する彩都線と合わせた総延長28kmの路線は、国内のモノレール線としては最長で、かつては世界最長のモノレールとしてギネスブックにも掲載されたこともある。

高速道路沿いにある中央環状線の上空を利用した線路は、高速道路を斜めに横断するところもあり、見晴らしのよい場所が多い。モノレールに乗って空中散歩をするのも良し、モノレールのある風景を撮影するのも良しだ。

■ 交差する鉄道は5社8路線

大阪モノレールは大阪市を中心とする環状ルートの一部に当たるため、必然的に市内中心部から放射状に延びる阪急、北急、京阪、JRの9路線と交差しており、JR線を除いてすべて接続駅がある。したがって北急が地下線となっている千里中央駅を除き、各所で交差鉄道を見ることができる。

少路〜千里中央間を走行中のモノレールから西方を望む。この区間は中央環状線と中国自動車道に挟まれているため、見晴らしが良い

- 大阪モノレールと交差する路線
  （カッコ内は接続駅）
  阪急電鉄・宝塚線（蛍池）
  北大阪急行・南北線（千里中央）
  阪急電鉄・千里線（山田）
  JR西日本・JR京都線
  JR貨物・東海道本線支線
  阪急電鉄・京都線（南茨木）
  JR東海・東海道新幹線
  京阪電鉄・本線（門真市）

たとえばモノレールに乗って摂津〜南摂津間を通過する際には、大阪貨物ターミナルに向かう東海道本線の貨物支線がちらっと見える。もっとも、貨物支線はモノレールをまたいでいて、しかも防音壁が設置されているので、機関車の屋根やコンテナの上部ぐらいしか見えないが、こうした些細な機会も見逃さないのがトレインウォッチャーだ。

柴原駅から蛍池駅に向かう途中、中央環状線を離れたあたりでは、地上を並行して走る阪急宝塚線を見ることができる。蛍池駅の手間300m付近にはオーバークロスポイントもあり、走行中のモノレールから阪急電車を眺めるチャンスが多い（ただし、蛍池駅のホームに入ると阪急はよく見えなくなる）。

また、阪急と接続する南茨木駅では、ホームに居ながらにして貨物線と阪急線を眺めることができる。ホームの大阪空港方からは、モノレールをオーバークロスする貨物線が見え、貨物列車の通過が確認できる。

ホームの門真市方では、ホームのベンチで寛ぎながら阪急京都線を見物できる。ただ、隣接する空き地で工事が始まったので、新たに建つ建物の形状によっては、

南茨木駅ホームの大阪空港側から撮影。後ろのトラス橋は貨物支線

南茨木駅ホームの門真市側から撮影

阪急が見えなくなるかもしれない。

　ホームの両端からは、カーブを曲がって駅に進入するモノレールがよく見える。両方とも車両撮影にもってこいのポイントだ。

■ 上空から新幹線の車両基地を見学

　大阪貨物ターミナルの東側には、東海道新幹線の車両基地「大阪交番検査車両所」（レールファンのあいだでは、単に「鳥飼」とか「大阪運転所」などと呼ばれる）があり、これもモノレールからよく見える。JR東海とJR西日本の16両編成はなかなか壮観な眺めで、一見の価値がある。

　ただ、車両基地は広大なので、モノレールから見えない場所も多い。また、山陽新幹線用編成の入所も一部に限られる。JR西日本やJR九州の新幹線車両がお目当てならば、新大阪駅のほうがベターだ。

すっかりN700A一色になりつつある東海道新幹線用車両。16両編成の700系は1編成しか停まっていない。

■ モノレールから見える万博跡

　千里中央駅から門真市方面に向かうと、駅を出てすぐ、中央環状線と中国自動車道を跨ぐ陸橋の上空を通過する。日本万国博覧会（大阪万博）当時、この陸橋に接続するかたちで北大阪急行会場線の千里中央仮駅があり、木製の仮ホームに降りる階段があった。むろん、中国自動車道には痕跡がないが、廃線跡に建設された高速道路だ。

　仮駅は万博終了後に撤去され、跡地には中国自動車道上り車線が建設されたため面影もない。ただ、陸橋中途の拡幅から、かろうじて当時の光景が想像できる。

　山田駅付近まで行くと、太陽の塔の上部が見える。太陽の塔とモノレールを絡めた写真を撮るなら、山田駅ホームの門真市方からの撮影をおすすめする。

　なお、万博開催中にメイン会場の外周部を走っていた大阪万博モノレールは、フラットな車内床を採用した日本跨座式第1号で、同方式を採用している大阪モノレールの直系の先祖といえる。

山田駅ホームからの光景。太陽の塔の下部を隠しているのが万博会場跡、その外縁部が大阪万博モノレール廃線跡だ

■必見！　モノレールの車両基地

山田～万博記念公園間を通るなら、万博記念公園駅の西側100mにある大阪モノレールの万博車両基地も要チェックだ。モノレール車内から、南側に広がる車両基地の全景や、モノレール特有のポイント（分岐器）が見学できるのだ。

ラッピング車両も興味深いが、通常の鉄道とは大きく異なるポイント（分岐器）に惹かれる。ご存じのよ

多方向に分岐するポイントが多数あって興味深い

車内から見た万博車両基地。いろいろな外装の車両が目を引く

うに、跨座式モノレールのポイントは、走路（軌道桁）自体が大きく動くことによって進路を構成する。

ほとんどのポイントは左右2方向への分岐だが、車両基地のポイントには3方向や4方向に分岐するものもある。走行中の車内からポイントが動く様子を見届けることはできないのだが、わかっていても、思わず視線を向けてしまう興味深い存在だ。

モノレールの方式──跨座式と懸垂式

モノレールとは、1本のレール（走路）で車両の重量を支持し、進行方向を案内する軌道系交通機関の総称だ。さまざまな方式が考案されているが、大別するとレールが車両の上部にある懸垂式と下部にある跨座式に分かれる。

懸垂式モノレールは、関西にはないが、首都圏では湘南モノレールと千葉都市モノレールの2路線がある。

跨座式モノレールは、重心を下げるためにタイヤハウスが車内に出っ張っているのが一般的だったが、床高を上げて、フ

ラットな床とした方式が日本跨座式だ。多摩モノレール、北九州モノレール、沖縄モノレールも日本跨座式が採用されている。

湘南モノレール

大阪モノレール線

大阪北部編 57

大阪モノレール・山田〜千里中央間

ラッピング列車見学の特等席

レールファン以外にも注目を集める、京浜急行電車のラッピング編成（南茨木駅ホーム門真市方から撮影）

■ 多彩なラッピング車両

交通量が多い中央環状線沿いを走る大阪モノレールは、広告効果が高いらしく、車体のラッピング広告が多い。

一時に比べると減少気味ではあるが、日清食品の「チキンラーメン号」や阪急のマルーンカラーに沿線観光地の見どころを描いた「阪急電鉄号」、サッカーの「ガンバ大阪号」など、大阪モノレールならではの多彩なラッピング車が走る。

なかでも、関東私鉄の京急電鉄の車両を模した「都心へビュン。京急！」号が大阪モノレールで登場した時は関西以外でも話題になった。羽田空港に行く人向けの広告だ（同様のラッピング車は各地の路面電車でも見られる）。

現在運行中のラッピング車両は、大阪モノレールのホームページで確認できる。ただし残念ながら、どのラッピング車がどの時間に運行するかはわからないので、お目当てのラッピング車が来るまで粘り強く待つしかない。

大阪空港（ITAMI）のロゴをラッピングした24編成（摂津駅門真市方から）

レストランの入口近くから眺めた大阪モノレール（山田〜千里中央間）

大阪モノレール・山田〜千里中央間

■ お目当ての列車を待つなら

　ラッピング列車の見学場所は、駅とは限らない。通常の鉄道の場合、高架線を地上から見上げたところで、車体の下部は高架橋に隠されているし、住宅地だと防音壁があって屋根ぐらいしか見えないこともある。モノレールならそうした心配は無用で、車体は丸見えだから、高架下からの撮影も十分に楽しめる。

　幹線道路沿いを走る大阪モノレールの場合、さらにいいことがある。歩道からの撮影が容易なこともその1つだが、ロードサイドに多数の飲食店があるので、食事をしながらモノレール見物ができるのだ。

　中央環状線沿いには、モノレール見学ができるラーメン店や中華料理のチェーン店、ファミリーレストランが何軒かあるが、本書では千里中央〜山田間の南側にある「ステーキハウス　フォルクス中環千里店」をおすすめしよう。モノレールの線路に近く、線路に面して大きな窓があるので、窓際に座ればしっかりラッピング列車が見える。

通常のファミリーレストランに比べると価格はやや高めだが、ランチメニューならリーズナブルだ。ドリンクバーはないものの、コーヒーのお代わりができるので、食後のコーヒーを楽しみながらモノレール見学ができる。

　通勤時間帯なら上下合わせて1時間に20本程度、デイタイムでも10分間隔の運転なので、1時間で上下12本の列車が通る。しいて難点を挙げるならば、ロードサイド店舗のため防音がしっかりしているので、モノレールがそばを走っていても走行音に気づかず、見逃してしまうことがあることだ。

窓際の席から眺めた大阪モノレール（山田〜千里中央間）

北大阪急行・桃山台駅

桃山台で北大阪急行を堪能する

夕方のラッシュに備え、留置線から出庫する編成

北大阪急行電鉄は、大阪メトロ御堂筋線の大阪市外部・江坂〜千里中央間を運行する第3セクター鉄道だ。3セクと言っても、阪急が出資の過半数を担っているので、阪急色がきわめて強い私鉄だ。典型的なのは座席モケットで、阪急伝統

車庫内に設置されている実物大の8000形前頭部。社員教育に使われていると思われる

のゴールデンオリーブ色のモケットに木目の化粧板が使われている。現在、千里中央〜箕面萱野間の延伸工事が行われており、今後の利便性向上が期待される。

■桃山台は北急の中心!?

御堂筋線と一体のように運行する北大阪急行だが、独自の車両を保有し、自社車庫もある。車庫は桃山台駅から南西に500mほど離れたところにあり、トンネルにより駅と接続している。

残念ながら、営業列車内から車庫は見えない。江坂から乗車して桃山台に向かうと、桃山台駅に到着する直前で左側(西方)から線路が合流する。これが車庫からの連絡線だ。

桃山台駅前に出ると、連絡線の方向は小高い公園になっている。園内の坂道を上がり、野球場とテニスコートを過ぎると、左手に車庫が現れる。北大阪急行の桃山台車庫だ。

所属する車両が70両もあるわりに小規模な印象を受けるが、これは10両編成全体を眺められる留置線がないためだろう。留置線の西半分は人工地盤の下になっているので、留置中に屋外に出ているのは千里中央寄りの5両だ。

検修庫も10両編成のままでは入庫できないのか、5両ずつに分離して入庫する。車両基地内での入れ替え作業を行うために簡易運転台を設けた車両は各社にあるが、ここ桃山台車庫のように、公道から眺めやすい車両基地はあまりない。

検修庫から千里中央寄り5両が留置線に向かう

検修庫から出てきた江坂寄り5両。先頭は簡易運転台

■ ポールスターを正面から撮影する

　桃山台の見どころは入換作業やラッシュに備えた出入庫だけではない。

　桃山台駅ホームから千里中央方面を見るとカーブしているので、北大阪急行のお手軽撮影地として知られている。ここに陣取ってカメラを向ければ、大阪メトロ車も含め、南進してくる電車を簡単に撮影できる。

　ホームからの撮影では満足できない人は、新御堂筋と北大阪急行をまたぐ歩道橋はどうだろう。

　新御堂筋側道の歩道を千里中央方面に1km強歩くと歩道橋が現れる。千里中央方面の列車前面に日が当たる時間は限られるが、両方向の列車が堪能できるスポットだ。

　箕面萱野延長を機に、北大阪急行・大阪メトロの両社では車両増備や更新が予想されるので、しばらくの間はトレインウォッチングがより一層楽しめそうだ。

桃山台駅ホーム千里中央方から見た大阪メトロ30000系

歩道橋から撮影した千里中央行き大阪メトロ30000系

北大阪急行と日本万国博覧会

　北大阪急行の江坂～千里中央間には、南北線という線名がある。東西の線があるわけでもないのに、どうして南北線なのか。これは1970年の日本万国博覧会（大阪万博）開催時に「会場線」があった名残だ。

　会場線の営業中は現在の中国自動車道上り線部分に会場線が敷設され、千里中央駅は仮設だった。北大阪急行では、自社オリジナル設計の2000形以外に大阪市交通局7000・8000形の同型車を新製し、こちらはのちに大阪市に売却された。

　一般的にニュータウン鉄道の開業当初は、入居がすすむまでは営業成績が芳しくないが、北大阪急行は万博輸送で好調な営業成績を残したため、その後も採算性がよかった。おかげで初乗り運賃は100円と国内で最も安い。

阪急電鉄・石橋駅

阪急発祥の線区、箕面線の今

宝塚線に直通する箕面線の梅田直通列車（左）と、両線の合流部ですれ違う宝塚線宝塚行き列車

■発祥の地の名残を求めて

　阪急電鉄が1910年3月10日に開業した当時の社名は「箕面有馬電気軌道」。開業区間は梅田～宝塚・石橋～箕面公園（現・箕面）間だった。今では宝塚線との格差が明らかな箕面線だが、名実ともに阪急発祥の線区といえる箕面線には、今

使用頻度が低いため屋根は部分的にしか設置されていないが、箕面線梅田直通用ホームは上下線に8両編成対応ホームが独立して設置されている

も開業当時の名残がある。

　昔日の箕面線の面影は、石橋駅の構造にある。複線の宝塚線から複線の箕面線が分岐している点だ。こうした構造の駅は、阪急では全日にわたり多くの列車が互いに直通する京都線と千里線にしか見られない。箕面線の直通列車はラッシュ時のみということを考えると、破格の待遇といえよう。

■残念ながら広がる格差

　隣の桜井駅もまた歴史のある駅で、路線開業から約1ヵ月遅れて開業している。箕面有馬電気軌道は、開業時に池田駅西側に池田室町住宅地を分譲したことで知られるが、桜井駅北側でも1911年から桜井住宅地を分譲している。箕面線は開業

箕面の山をバックに梅田に向かう箕面線準急（箕面〜牧落間）

阪急電鉄・石橋駅

直後から、箕面公園の行楽、桜井の通勤輸送という二面性を持つ線区だったことがわかる。

宝塚線では2018年7月7日にダイヤ改正が行われ、箕面線の梅田直通が大幅に縮小された。それまでは平日朝ラッシュ時に梅田直通の準急3往復、普通上り6本・下り5本が、夕方には普通上り6本・下り8本が運転されていたが、改正後は平日朝に上り2本だけになった。

30年ぐらい前は、行楽期の土休日に梅田直通準急が運転されることもあった。行楽色もそなえた線区から純粋な通勤線区に変わり、さらに宝塚線の比重が高まったといえよう。

かつてはラッシュ時にさまざまな形式が充当される準急と、5100系・8000系4両編成が充当される線内普通が交互に登場するのを眺めるのが楽しい路線だったが、今後は、線内折り返し編成のメンバーチェンジを楽しむことになるのだろう。

分譲住宅地の最寄り駅として開業した桜井駅。箕面線内のみの4両編成

桜井〜牧落間を走る箕面行き準急

京阪電気鉄道・京阪本線

京阪の魅力は大阪府下にあり！

淀屋橋行き8000系快速特急「洛楽」（門真市〜西三荘間）

■ 撮影定番スポットのなりたち

　京阪電気鉄道が大阪・天満橋〜京都・五条間を一気に開通させたのは1910年のこと。たちまち京阪間の重要幹線となり大成功を収めたが、もちろん開業当初から現在のような高規格路線だったわけではない。当時の電車は路面電車をベースとする小型車単行（1両編成）で、カーブも多く、高速運転に向いた路線ではなかったのだ。

　とはいえ、京阪の攻勢はとどまるところを知らず、車両改良や編成両数の増加、日本初の色灯信号機を導入するなど、次々に改良を進め、1933年には蒲生信号所（現・京橋付近）〜守口（現・守口市）間を複々線化している。この時、路面電車だった区間も直線化のうえ高架線となった。結果、線路の位置は開業当初と大きく変わることになった。

　複々線の直線が長く伸びるこの区間は、京阪を代表する景観として知られ、撮り鉄たちの撮影の名所にもなっている。

■ 同じ複々線でも時代が変わると

　一方、1975〜80年に複々線化された守口市〜寝屋川信号場間は、複線時代と線路位置を大きく変更していないため、開業時のカーブが多く残っている。

　長く続く直線を突っ走る列車も魅力的だが、曲線を走る列車の姿もまた魅力的

西三荘を通過する京都・出町柳行き3000系特急

京阪電気鉄道・京阪本線

だ。この区間にある西三荘駅はカーブに合わせて湾曲しているため、ホームに入線してくる列車を撮るのに適しているし、ホーム端からも近づいてくる列車の編成全体を写すこともできるため、人気撮影スポットとなっている。大阪市内の京阪には残っていない、古い時代のカーブを堪能するのにもってこいの場所といえよう。

■ 懐かしの旧3000系保存車

2014年にKUZUHA MALLがリニューアルされた時、南館にミニミュージアムとして開設されたSANZEN-HIROBAには、旧3000系3505号をはじめ、各種レールの実物やヘッドマークが保存展示されている。また、8000系と2600系の運転台を模した運転シミュレーターもある。

なかでも最大の目玉は、保存車3505号を使用した運転シミュレーターだ。前面にセットしたスクリーンに前方の光景が

「SANZEN-HIROBA」の全景

レールファン心をくすぐる装飾

映し出されるタイプだが、実際の運転訓練に使用するレベルに近い。ぜひ体験してほしい。

運転シミュレーターとして使用中の3505号運転台

旧3000系3505号の車内。京阪特急の代名詞テレビカーの車内が再現されている

南茨木駅付近の撮影ポイント

　阪急京都線の撮影ポイントは何ヵ所かあるが、見下ろし気味の構図で（意外と少ない）、安全に撮影でき、駅が近いという好条件が揃うのは、南茨木駅の京都方だ。

　写真のように梅田方面に向かう列車をねらうのが基本だ。ただし、好天日の午後は、車両側面に陽が当たらなくなるので、撮影場所を変えたほうがいい。

　ここは、京都線の各編成はもとより、相互直通運転を行う大阪メトロの堺筋線車両も撮影できるので、なかなか撮影効率が良い。また、撮影には不向きだが、大阪貨物ターミナルへの東海道支線も見ることができる（防音壁で車体の大部分が隠れてしまう）。

　午前中の撮影なら、京都線東側に出て、北側に向かうといい。中央環状線をくぐると、中央環状線北側の歩道橋に上がる階段がある。写真を撮るなら、この階段の踊り場か歩道がオススメだ。午後も、この歩道を通って阪急の西側に出れば、撮影が続けられる。

　駅前や駅構内に飲食店やスーパーがあるので少々撮影が長くなっても安心だ。大阪モノレールを利用して、京阪電鉄の掛け持ち撮影をすることもできる。

　この写真では、阪急1300系がJR東海道支線の高架をくぐる瞬間に、同線をコンテナ列車が通過している。

大阪東部・奈良編

大和西大寺1・2番線ホームから見た、橿原神宮前行き京橿特急（12200系+22000系）の到着シーン

近畿車輛
JR西日本・学研都市線
近畿日本鉄道・大和西大寺駅
JR西日本・木津駅付近

近畿車輛

鉄道車両の「出荷」を見学する

鴫野駅2番線（おおさか東線工事のため、現在は使用停止中）を通過する甲種車両輸送列車

近鉄グループ傘下の近畿車輛は、近鉄はもちろん、JR各社や東西の私鉄の車両を製造する代表的な車両メーカーの1つとして知られる。本社・工場ともに学研都市線（片町線）徳庵駅に隣接し、同駅ホームから試運転や出場準備の車両が見えることもあって、レールファンの姿をよく見かける。

車両メーカーの多くはJR線と専用線などで直結しているが、近畿車輛のように、JR線沿いに工場が立地し、JRの列車内から工場内が見えるケースはめずらしい。徳庵から木津方面行きの電車に乗ると、右手に現れる近畿車輛工場の敷地に出荷間近の車両が見えることがある。

車両が留置されていないときは、阪堺電車161形171号が見える。同車は、近畿車輛の前身、田中車輛が製造したもので、阪堺電車で廃車後、近畿車輛が引き取って保存している。

近畿車輛で製造された車両は、新幹線などのようにトレーラーで搬出後、船で輸送されるものもあるが、JR在来線や首都圏の私鉄車両は、JR線を経由して出荷される。JR西日本の電車の場合、試運転をかねて工場から自力で回送されることが多い。

一方、JR西日本以外のJR向け車両や首都圏の私鉄向け車両は、JR貨物が「甲種鉄道車両輸送」という貨物列車扱いで運ぶ。工場から徳庵駅経由で吹田貨物ターミナルまではDE10形ディーゼル機関車が牽引し、吹田で電気機関車に交代して首都圏や四国・九州に輸送される（甲種車両輸送については111頁参照）。

工場出口で試運転の準備をするJR西日本321系電車（徳庵駅ホームから）

意外に古い!?　学研都市線の歴史

■由緒ある路線

学研都市線（片町線）の歴史は古く、1895年に片町（京橋の0.5km西方）～四條畷間が開業、1898年に片町～木津間が全通している。四條畷以西はもともと浪速鉄道が開通した路線だが、当時、名古屋～奈良間を建設中だった関西鉄道が浪速鉄道を買収した。これにより片町線経由で名古屋と大阪が結ばれ、官鉄の東海道本線と競争が始まった。

その後、関西鉄道は奈良～湊町（現・JR難波）の大阪鉄道と合併、片町線は名阪間ルートから外れ、1907年には関西鉄道の国有化にともない官設鉄道になった。一時は名阪間の幹線の一翼を担うこともあったのに、なんとも数奇な運命だ。

1932年には、片町～四條畷間が関西の国有鉄道で最初に電化され、電車が走り出した。79年には、関西の国鉄で初めての自動改札機を片町～長尾間の各駅に導入。また91年には、JR西日本初のVVVF制御電車207系が配置された。一見地味な線区だが、じつは「初」が多い線区なのだ。

前置きが長くなったが、学研都市線を利用することがあったら、こうした歴史の名残を見つけるのも一興だろう。

かつてはトンネルの上に川が流れていた防賀川トンネル（同志社前駅から望遠レンズで撮影）

■明治の名残はホームにあり

いまは全列車が7両編成の通勤電車となった学研都市線だが、開業から片町～四條畷間の電化が完成する1932年までは、全列車とも蒸気機関車が牽引する客車列車だった。

この時代のホームは高さが低いことが特徴だ。全面的にホームを改築してしまった駅もあるが、古いホームを嵩上げし

2・3番線の木津方を1番線から見る。レンガ造りのホームをコンクリートで嵩上げし、若干延長したことがわかる。8両編成対応のためさらに延長している(徳庵駅)

3番線から見た1・2番線のレンガ造りホーム跡の京橋寄り。コンクリートで嵩上げしたホームは、床板を使ってさらに延長されている(四條畷駅)

て使用している駅もあり、そうした駅では今でも痕跡を確認できる。

　その1つが、徳庵駅だ。橋上駅で、ホームは、木津方面の1番線が単式、京橋方面の2・3番線が島式の2面3線。1番線ホームは、線路を増設すれば島式になるように改築されているが、2・3番線はレンガ造りの低いホームを嵩上げした痕跡がはっきりとわかる。旧ホームの痕跡は、現在のホームの木津側半分程度しかなく、大阪近郊のローカル鉄道として建設された浪速鉄道では、短い編成しか想定していなかったことが窺える(上段写真)。

　浪速鉄道の終点にして、32年の電化でも電化区間の終点だった四條畷駅も同様で、京橋方面1・2番線ホームに、レンガ造りの旧ホームが見える。ただし、橋上駅の基礎部分は、ホームが改築されているため、レンガ造りホーム跡は確認できず、徳庵駅の旧ホームと長さを比べることはできない。

■ **防賀川トンネル**

　レンガ造りといえば、同志社前駅の京橋寄りにある防賀川(ぼうががわ)トンネルにも注目し

同志社前駅。右側のホームは折り返し専用として使われた2番線ホーム。ホーム長が4両分しかなかったため、7両編成化で使われなくなった

木津駅1・2番線ホームの京都・京橋寄り端部。電化で嵩上げした部分とかなり高さが異なる

木津駅3・4番線ホームの上屋。現存する木造のホーム上屋でこの規模は貴重だ

ていただきたい。トンネル近くの踏切からの見学がおすすめだが、望遠レンズを使えばホームからでも撮影できる。

名称からわかるように天井川トンネルだが、現在の防賀川は付け替えと河道の切り下げで天井川ではなくなっており、旧河道の切り崩しが進んでいる。トンネルの廃止が予想されるので、見学するなら早めに訪問したいところだ。

余談になるが、同志社前駅には、1989年の長尾〜木津間電化時から2010年の7両編成化まで使用された2番線ホームがまだ残っている(前頁下段写真)。

現在の木津駅は、関西鉄道が名阪間のメインルートを奈良駅経由に再編するために整備した駅で、片町線の歴史を物語る駅ではないが、そうはいっても歴史のある駅なので、簡単に紹介しておこう。

木津駅は、京都と奈良を結ぶために設立された奈良鉄道の途中駅として設置された駅だ。片町線が関西鉄道のメインルートだった時代には、加茂駅で片町線に接続、奈良駅へのルートも加茂駅から直行するルート(大仏線)だった。

関西鉄道と奈良鉄道が合併すると、急勾配がある大仏線よりも木津経由のほうが効率がよいことから、木津駅が整備されたというわけだ。

現在の木津駅は、この当時の駅が基本となっている。もとは低い築堤上の駅で、駅舎とホームは築堤内のトンネル状通路で結ばれていた。現在は橋上駅に改築され、築堤の通路は、駅の東西を連絡する自由通路に転用された。

また、ホーム端部には蒸気機関車時代の低いホームが残っていて、木造のホーム上屋にも古駅の趣が感じられる。

3・4番線ホームの上屋。端部は構造が異なり、支柱に古レールが使われている

近畿日本鉄道・大和西大寺駅

平面交差の極み！「大和西大寺」ジャンクション

奈良線神戸三宮行き快速急行（阪神1000系）を追うように発車した京都線京都行き急行（近鉄1252系）

■ 多彩な車両が揃い踏み

　大和西大寺駅は、奈良線から橿原線・京都線が分岐する関西有数の大ジャンクションとして知られる。橿原線と京都線を直通する列車や、京都線から近鉄奈良駅に直通する列車も多く、しかもこれをすべて平面交差でこなすので、非常に見応えがある。

京都地下鉄烏丸線に直通する、急行国際会館行き京都市10系電車（3・4番線ホーム大阪方から撮影）

　ここで見られる車両の形式もまた多い。近鉄のほか、京都市営地下鉄、阪神の車両が通過するからだ。まず近鉄は一般型だけでも多くの形式があるし、ビスタカーやACEカーなど多彩な形式が使われる特急も通る。大阪難波〜近鉄奈良間の阪奈特急、京都〜近鉄奈良間の京奈特急、京都〜橿原神宮前間の京橿特急、京都〜賢島間の京伊特急が走るわけで、近鉄ファンならずとも必見の分岐点といえよう。

　2000年から直通運転を開始した京都市営地下鉄からは、烏丸線の10系もやって来る。

　また、2009年に直通運転を開始した阪神からは、近鉄奈良〜神戸三宮間の快速急行や、近鉄奈良〜尼崎間の準急・区間準急・普通が往来し、阪神1000系・9000系が見られる。

大和西大寺駅東方ですれ違う、神戸三宮発近鉄奈良行き快速急行の阪神1000系と近鉄奈良発京都行き急行の近鉄1233系ほか（1・2番線ホーム奈良方から撮影）

■ 分岐器が織りなす、不思議な模様

駅構内だけで20器以上もある分岐器（ポイント）も見逃せない。4方向に分かれる路線に加え、駅に隣接して西大寺車庫が存在するため、非常に複雑な線路配置になっている。ホームから見ると、まるで鞍馬山の「木の根道」のようだ。

関西私鉄では、JRや首都圏私鉄に比べ、シングルスリップやダブルスリップを多用する傾向があるので、首都圏のレールファンに人気があるのだが、この光景は関西在住者が見ても十分に面白い。

改札内にいろいろな店舗があるのも大和西大寺駅の特徴だが、その一角に電車を見下ろすことができる展望デッキがある。ガラス越しでの見学になるが、オープンスペースなので、春秋には気持ちよく過ごすことができる。気候が穏やかな時分にレールの分岐をじっくり眺めてみよう。

難波・京都方面の上空にある展望デッキからの眺め

1・2番線ホームから、橿原線と西大寺車庫方向を見た光景。多数の分岐には幾何学的な美しさがある。この範囲だけでも2ヵ所あるシングルスリップがアクセントになっている

JR西日本・木津駅付近

見てびっくり！　パン屋さんの中に電気機関車!?

店内に入るとEF66の前頭部が出迎えてくれるパン店は、たぶん日本でここだけだろう。原材料にこだわって作られたパンはお世辞抜きに美味

　木津駅を西口から出て国道24号線を南に5分ほど歩くと、左側に「パン・オ・セーグル」というパン店が現れる。北側の大きな窓から店内を覗くと、EF66の前頭部が見える。機関車の前に美味そうなパンが並ぶ光景は何やらシュールだ。

国道24号線歩道から見た店舗全景。左壁面の大窓からEF66が見える

大窓部のアップ。JRのロゴが目立つ

■国鉄史上最強の機関車の顔

　保存されている前頭部はEF66 49号機をカットしたもの。ブルートレイン好きのオーナーが伝手をたどって購入したという貴重な代物だ。

　EF66形は、国鉄が高速貨物列車専用機として1968年に投入した国鉄史上最強の機関車だ。EF66形の登場により、貨物列車の最高速度が85km/hから100km/hになり、大幅なスピードアップを達成した。主に東海道・山陽本線で鮮魚高速貨物列車やコンテナ高速貨物列車を牽引していたが、流線型の格好いい車体を見て「ブルトレ（寝台特急）を牽引すれば、なお魅力的なのに……」と思っていたレールファンは多かった。

　ただ、客車牽引の機会は思いがけないかたちで訪れた。国鉄がファンの想いを汲んだ……わけではない。ブルートレインの魅力向上の一環で、ロビーカーを連結して重くなった寝台特急を、従来以上の速度で運転するため、最強の機関車を登板させることになったのだ。

　1985年から東京〜下関間でブルートレイン「あさかぜ」「さくら」「はやぶさ」「みずほ」「富士」を牽引するようになり、JR西日本となってからは、関西発着の「なは」「あかつき」「彗星」なども牽引するようになった。

　寝台特急の運転が減ると、臨時列車や団体列車を牽引する機会が増えた。だが、長年にわたり1日あたりの走行距離が長い、高速貨物列車や寝台特急を担当していたため老朽化の進行も早く、さらにJR西日本ではEF66の性能が必要な列車がなくなったため、廃車が決まり、49号機を含め2010年にすべて廃車となった。

■カットモデルの搬入は店舗完成後

　電車や機関車の前頭部を店舗のシンボルとして飾る光景は時々見かけるが、たいていの場合、屋外だ。店内での保存にはかなりのスペースが必要になるからで、よほどの思い入れがなければできない。オーナーの愛情を感じる。

　オーナーは前職に就いていた時代、ブルトレでの出張経験があり、パン屋を開業してからは「ブルートレインという文

イートインスペースに飾られているご子息の作品も見ものだ

イートインスペースからEF66を見下ろす

JR西日本・木津駅付近

大阪東部・奈良編

化」を後世に伝えたいと思ったそうだ。さらに、ご子息がレールファンで、全国を撮り歩いていたとのこと。

そこで、別の場所で経営していたパン屋を移転することが決まった時、廃車となった機関車の購入を計画したのだが、なかなか鉄道会社の協力を得られなかった。しかし、たまたまJR貨物の機関士と知り合い、その方の協力もあって、EF66 49号機前頭部の購入が実現したという。すでに新しい店舗が完成していたため、搬入作業には大変な手間がかかったそうだ。

私が訪問した時は「なは」のヘッドマークを付けていたが、他にもヘッドマークがあり、付け替え予定はホームページで告知される。さらに毎週土曜日の13～19時にはヘッドライトが点灯する。

酵母や小麦、塩、バターなど原材料にこだわったパンは、2階のイートインスペースで食べることができる（開放時間9～14時。土曜は15時まで）。2階にはご子息の鉄道写真が展示されているので、パンとともにこちらも味わいたい。

もう1つの大ジャンクション、大和八木

本編では、近鉄を代表するジャンクションとして大和西大寺を取り上げたが、近鉄のジャンクションといえば、大和八木を忘れてはならない。

こちらも近鉄の幹線、大阪線と橿原線が交差している。ただし、両線は直交し、立体交差である点が大和西大寺と好対照だ。また、連絡線を使って両線を直通する列車は、原則として特急に限られている点も大和西大寺とは異なる。

ダイナミックさでは、大和西大寺に及ばないものの、特急街道ともいわれる大阪線を行き交う特急を眺めているだけでも飽きない。

大阪～名古屋の名阪特急、大阪～伊勢志摩の阪伊特急には、昔から近鉄を代表する特急車両が投入されている。一方、京都～伊勢志摩の京伊特急は、連絡線を通って2階の大阪線で発着する。大阪線と橿原線を結ぶ連絡線には、大阪方面と橿原神宮前方面を直結する線もある。また、定期列車はないが、団体列車や南大阪線車両が五位堂工場に入線する際に使われることもある。加えて1階の橿原線ホームでは、京都と橿原神宮前を結ぶ特急が発着する。

大阪線は、大阪方面がカーブになっているので、ホームの大阪方で進入してくる列車をねらうと撮りやすい。

大和八木に進入する下り「しまかぜ」

大阪南部・和歌山編

加太線の活性化を図り登場した赤青の「めでたいでんしゃ」（八幡前駅加太方の踏切から撮影）

南海電気鉄道・浜寺公園駅
南海電気鉄道・加太線
有田町・有田川鉄道公園

南海電気鉄道・浜寺公園駅

曳家で残った築100年超の名駅舎

高架工事にともない、仮移設された浜寺公園西口駅舎

■ 大手私鉄初の登録有形文化財

　浜寺公園駅は、南海電鉄南海本線が佐野（現・泉佐野）まで延長された1897年に「浜寺駅」として開業した歴史のある駅だ。

　1907年に難波から同駅までの電化完成とともに「浜寺公園駅」と改称され、このとき駅舎も改築された。海水浴人気を当て込んで南海鉄道などが開設した浜寺海水浴場への玄関口として、避暑地らしい上品な様式が採用されたのだろう。

　この時代の格式ある洋風建築が現存する例は少なく、浜寺公園駅は1998年に大手私鉄の施設として初めて国の登録有形文化財となっている。それもそのはず、設計を担当したのは、かの辰野片岡建築事務所。日本銀行本店や東京駅丸の内口駅舎などの設計で著名な建築家・辰野金吾（きんご）が率いた建築事務所だ。左右対称の瀟洒（しゃ）な造りが安定感とともに親しみをもたらす名駅舎といえよう。

■ 高架化後も活用される駅舎

　現在、堺市内の南海本線では、連続立体化事業が進行中だ。既存の高架区間を和歌山方向に延長するかたちで、石津川橋梁付近から羽衣（はごろも）駅（現在、高架工事中）までが高架となる。これにより、諏訪ノ森駅と浜寺公園駅が高架化されるため、両駅の西駅舎の処遇が課題となり、移築保存が決定している。

　浜寺公園駅西駅舎は高架下駅舎のエントランスとして移築されることになり、曳家（ひきや）方式での移設が決まった。2017年11〜12月に高架工事の支障とならない位置に移動され、高架工事が終了するまで仮設位置でカフェやギャラリーとして利用されている。

■ 品格のある待合室

　浜寺公園駅の魅力は駅舎だけではない。下り線用の1・2番線ホームにある待合室にも注目してほしい。

駅舎に向かって右手の棟は特等客待合室として使われていた。むき出しの梁と白壁、高い天井が往時の雰囲気を留めている。現在はギャラリーとして活用

下りホーム待合室。ハーフティンバーの壁、明かり取りなど、西口駅舎の雰囲気に合わせた意匠が採用されている

下りホーム待合室の内部。四方に窓ガラスを配し、ホーム待合室としては贅沢なつくり

られる装飾性も、ホーム上の待合室にしては凝った造作といえよう。

室内の据え付けベンチには間仕切りが設けられ、品格のある雰囲気を醸し出している。

外観・内観ともに乳白色に塗装し、四方に窓を配したつくりは、いま見ても垢抜けた印象だ。ハーフティンバー様式を模した外壁や上部の明かり取りなどに見

南海電気鉄道・浜寺公園駅

小さくても見どころいっぱい、諏訪ノ森西駅舎

浜寺公園駅の隣にある諏訪ノ森駅の西口駅舎は1919年の建築で（駅開業は1907年）、浜寺公園西口駅舎と同時に国の登録有形文化財となっている。

駅舎は改札部分のみで、機能性重視の小規模な駅舎だが、スレート葺きの屋根や石貼りの外壁、アーチを描くように並べられたステンドグラスなど、全体としてモダンなつくりだ。線路側にも大きな窓があり、採光性が高いのも特徴といえよう。

浜寺公園駅を訪問する際は、ぜひこの駅舎も堪能してほしい。なお、南海本線高架後は、高架駅西側の駅前広場に隣接するかたちで保存されることが決まっているので、元の位置での撮影をするなら今のうちだ。

諏訪ノ森西駅舎は木造・スレート葺きの簡素なつくりだが、モダンさが漂うつくり。入口上部のステンドグラスは内部から眺めたい

大阪南部・和歌山編

南海電気鉄道・加太線

「めでたいでんしゃ」が走る線

昼間の加太線は八幡前駅での交換が多く、赤青の「めでたいでんしゃ」2編成が加太線運用に入ると同駅で並ぶ

　加太線は、和歌山市の紀の川駅と加太駅を結び、全列車が南海本線の和歌山市駅まで直通している。平日はもっぱら新日鐵住金など沿線の工場への通勤路線として利用されるが、夏になると海水浴客の行楽輸送も担う。

　とはいえ、沿線に住宅地が広がるわりに乗降客数は概して少なく、準ローカル線の趣がある。このため、近年は沿線の観光協会などが共同で「加太さかな線プロジェクト」を立ち上げ、観光客誘致に力を入れている。

　7100系を改装した「めでたいでんしゃ」はその一環となる観光列車で、基本的には毎日運行している。ただし、運行時間は一定していないので、事前にホームページで確認されたい。〈加太の鯛〉をイメージしたピンク色の「めでたいでん

鯛の模様をちりばめた「さち」のシート

「さち」のつり革は、さかな形

運転室直後の側窓のカーテンを目玉に見立てたのはなかなかのアイデア。沿線で開けた場所は少ないので、撮影や電車見物にはこの場所がおすすめ（磯ノ浦駅から西に徒歩5分ほど）

南海電気鉄道・加太線

水色の「かい」も外観は魚を模している。ただ、正面から見ると魚らしさはあまり感じない

「かい」の側扉のガラス。加太はスキューバダイビングの人気スポットでもある

しゃ　さち」と〈海の中〉をイメージした水色の「めでたいでんしゃ　かい」があり、それぞれ外観だけでなく、遊び心のある内装が施されている。車両の好みは分かれるだろうが、個人的には、あとからデビューした水色の「かい」のほうが工夫がこなされていて面白いと思う。

ちなみに、2018年11月23日に「かい」と「さち」の結婚式が行われ、夫婦になっている。

加太駅では、鯛をモチーフにした和柄の「めでたいさいふ」や「加太キューピー」といったオリジナルグッズも販売している。また、せっかくだから加太の鯛を味わいたいという人には、地元飲食店とのタイアップメニュー「天然真鯛ちらし寿司」「鯛ユッケ丼」がおすすめだ。

海の生きものが描かれた特注のモケット。足下には、つい足を置いてみたくなるイラストがある

「かい」のつり革はカニ形もある。中吊り広告のかわりに海藻が吊られている

大阪南部・和歌山編

有田町・有田川鉄道公園

知る人ぞ知る、D51が走る鉄道公園

乗車体験で自走するD51と旧有田鉄道車庫に入庫しているレールバス「キテツ1」

■ 廃線を利用した鉄道公園

　有田川鉄道公園と有田川町鉄道交流館は、きのくに線（紀勢本線）藤並駅と金屋口駅を結んでいた有田鉄道の金屋口駅・車庫跡を利用したミニ博物館だ。有田鉄道などで使用されていた車両を保存しているため、近年、関西のレールファンの注目を集めているが、まだ広く知られてはいないようだ。一部の車両は公園内を自走できるように整備され、体験乗車会も行われている。

　また、本業の陸運事業とともにSLリー

手前から順に、有田鉄道が樽見鉄道から譲渡されたハイモ180-101（レールバス）、保線用モーターカー、紀州鉄道が北条鉄道から譲渡されたキテツ1

D51体験乗車会で客車代用となった有田鉄道キハ58003。通常は閉鎖されている旧金屋口駅ホームは、体験乗車会時に使用する

キハ58003の車内。富士急行が国鉄に急行として乗り入れるために製造した車両なので、車内は国鉄急行用に準じている

紀州鉄道が北条鉄道から譲渡されたレールバス、キテツ1。廃車となったため2017年に公園に譲渡された

D51 827号機はもともと個人所有されていたが、アチハが譲り受け、圧縮空気で自走するように整備した。現在は車掌車を客車代用に連結することが多い

ス事業を行うアチハが保有するD51 827号機の常駐場所になっており、D51の体験乗車会を行うこともある。同社はさらに、神戸製鋼所で廃車となったディーゼル機関車3両の譲渡を受けて、公園で保存している。このうちDL17号は整備を終え、体験乗車会にも使用されている。

鉄道公園として整備された際、線路も徹底的に整備されたので、有田鉄道の線路がそのまま保存されているわけではないが、なにより古参車両が走る姿を見られるのは嬉しい。

公園内には有田川町鉄道交流館（有料）があり、館内にジオラマや資料が展示されている。381系特急「くろしお」に装備されたパンダシートが展示されている。この種のシートは車両から撤去されると

有田町・有田川鉄道公園

神戸製鋼所から譲渡された製鉄所用ディーゼル機関車DL17号。製鉄所用機関車は、当機のように無線操縦が可能な車両が多い

ほとんど公開されることがないので、めずらしいケースだ。

公園以外の廃線跡は、自転車道として整備されており、藤並駅観光案内所でレンタサイクルを借りてサイクリングを楽しむこともできる。もともと線路が敷かれていただけあって勾配はほとんどないので、気軽に出かけてみよう。

鉄道公園の最寄り駅は、かつての起点駅・藤並駅で公園までは距離があるが、藤並駅から路線バスが利用できる（「鉄道公園」停留所下車）。

なお、体験乗車会のスケジュールは、有田川町ホームページ、または有田川町鉄道交流館のフェイスブックで告知される。訪問前に必ずチェックしておきたい。

日本一のミニ非電化私鉄

有田鉄道公園まで行く機会があれば、少し足を伸ばして、紀州鉄道にも寄りたい。

きのくに線・御坊駅を起点とする紀州鉄道は、全長2.7kmのミニ私鉄。単純に路線の長さで比較すると、千葉県にある芝山鉄道（全長2.2km）に「日本最短路線」の座を譲るものの、ミニ私鉄にふさわしい（？）非電化路線に限るなら、紀州鉄道が日本最短となる（ちなみに芝山鉄道は、成田空港建設にともなう地元への補償のため、京成本線の延長区間として建設された）。

リゾート開発会社の看板代わりという使命が濃いので、純粋なローカル私鉄と呼ぶことに抵抗がある人もいるだろうが、車両は他のローカル私鉄からの譲渡車だし、沿線の光景も純粋なローカル線そのものだ。素直に楽しんだほうが得ではないか。

紀州鉄道に乗りに行くなら、紀伊御坊駅に隣接する「ほんまち広場603」も見ておきたい。廃車のキハ603を利用した飲食店があり、弁当やたこ焼きを車内で食べることができる。

現在の終点、西御坊駅に停車中のKR301。信楽高原鉄道から譲渡された車両

紀伊御坊駅で販売する乗車券は、今どきめずらしい硬券

キハ603は大分交通耶馬溪線で使用されていたディーゼルカー。同線が廃線となったため譲渡を受けた

京滋・福井編

京津線大谷駅付近を走るびわ湖浜大津行き800形電車（大谷駅山科寄りから撮影）

京都鉄道博物館
京阪電鉄・京津線
旧北陸本線木ノ本～敦賀間
加悦SL広場

京都鉄道博物館

博物館で現役車両を見学する

スカイテラスから見たEF510牽引の貨物列車

■線路が見えるレストラン

　京都鉄道博物館は、鉄道100年を記念して1972年に開館した梅小路蒸気機関車館を拡大するかたちで開館した。日本を代表する蒸気機関車保存博物館だが、電車や電気機関車などの展示にも力を入れ、計53両を保存している。ただ、展示車両を増やすには限界がある。

　そこで力を入れたのが、博物館の東側にある京都駅を発着する列車の見学だ。館内2階のレストランは、東向きと南向きの窓が大きくとられ、京都駅はもちろん新幹線やJR京都線、JR貨物の京都貨物駅がよく見える。飲食をしながら新幹線や在来線の各種列車の見学ができる格好のトレインビュースポットとなっている。

■抜群の眺望を誇る「スカイテラス」

　レストランの真上にあるスカイテラスと名付けられた屋上広場もおすすめスポットだ。まさにトレインビューにおあつらえ向きの広場で、立地の良さに加え、列車位置情報システムの大型モニタまで置かれている。目の前の京都線を走る列車、京都駅や西大路駅付近を走る列車の列車番号が確認できるスグレモノだ。

　ただし、業務用の情報そのままなので、貨物列車の列車番号まで表示されるのはいいが、「はるか」や「はしだて」といった列車名は確認できない。また、東海道新幹線も対象外だ。

　それでも、眺望の良さは文句なしだ。通常こうしたスポットでは、転落防止のためにガラス窓や透明ボード、柵の類が設置されることが多いが、ここにはそうしたものはない。テラスの端と展望デッキの間に植え込みを設けることで転落を防止し、列車をナマで見られるように配慮しているのだ。ガラスの反射を気にする必要がないので、写真撮影にも好都合だ。

列車位置情報システムの大型モニタ

新幹線同士のすれ違いが見られることもある

京都駅に向かう嵯峨野線（山陰本線）電車。左側の白煙は「SLスチーム号」

架線柱などの障害物が多く、好天だと新幹線やJR京都線は逆光の時間帯が長いので、絶好の撮影地とは言い切れないが、たとえば京都タワーをバックにした撮影など、京都鉄道博物館ならではの撮影が可能だ。ドクターイエローや甲種車両輸送貨物列車など、通常走らない列車が走るときは撮影者が増える。

■「カマ替え」作業も見るべし！

多数の展示車両を見学するのはむろん楽しいが、京都鉄道博物館ならではの光景といえばSL。とりわけ1日の運転を

出発後すぐに嵯峨野線をくぐる。列車が上下に並ぶところが撮りたいが、なかなか見られない

「SLスチーム号」牽引機を載せた転車台を回してから、整備線入線が通例

テンダへの給水は、給炭以上に大切な作業

目すると、整備線に入り「カマ替え」とも呼ばれる火床整理（燃えがらを落とす作業）を行い、さらにわずかにバックして、テンダ（炭水車）に石炭と水を補給する。本物の蒸気機関車を運転しているからこその作業で、この作業を展示の一環として続けてきたことは、梅小路蒸気機関車館時代から続く京都鉄道博物館最大の特徴といえる。

■ 夜間開館時ならではの光景

　年に何回かは、イベントで夜間開館があるが、冬至の前後は閉館ギリギリまで滞在すれば、外は真っ暗になる。スカイテラスに立ち、ライトアップされた東寺の五重塔の前を走り抜ける列車の姿はなかなか印象的だ。

　イベントでの夜間開館時には、火を落としていない「SLスチーム号」牽引機を扇形機関車庫から出して、うっすらと煙をたなびかせる演出を行うことがある。これまた絵になる光景だ。

終えた「SLスチーム号」の整備風景は必見だ。転車台に載り、見学者にお披露

「京都・冬の光宴2018」に合わせて行われた夜間開館の様子

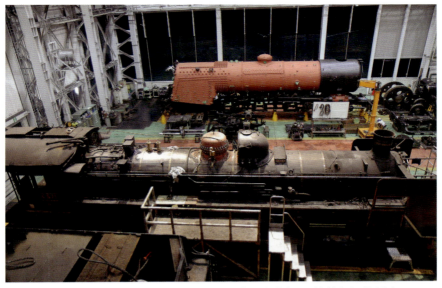

第2検修庫内はガラス窓越しに見学できる。撮影は、昼間より夜のほうがガラス反射が少なくて撮りやすい

東寺をバックに走るJR京都線普通電車の光の帯

ブルートレインの食堂車「ナシ20 24」の車内

京都鉄道博物館

■「本物の食堂車」で食事を楽しむ

　京都鉄道博物館はまた、小説や駅弁など鉄道を取り巻く文化の展示にもこだわっている。その一環なのだろう、ほぼ現役時代の内装の食堂車を使って営業を行っている。原型維持を優先しているため、メニューは弁当とカレーライス・ピラフ・豚丼に限られているが（本格的な調理には、保健所の指導に沿った設備更新が必要）、なにより当時の雰囲気を味わえる点が嬉しい。

京阪電鉄・京津線

地下線あり、山越えあり、道路ありの劇場路線

びわ湖浜大津駅に到着する京津線電車

■劇場路線はいまも健在

　以前の京阪京津線は、三条駅を起点としていたが、京都市営地下鉄東西線の開業により、併用軌道区間（路上区間）を含む三条〜御陵間が廃止となり、御陵駅が起点となった。同区間の廃止前には沿線に多くのレールファンが訪れたものだ。

　とはいえ、御陵駅以東はほぼ従来のままで、地下鉄区間を少し走ったあと地上に出て、以前と同じように東海道本線をくぐって京阪山科駅に至る。

　京阪山科駅以東の、逢坂山を越えて、びわ湖浜大津駅に至る区間も、車両が更新され、2両編成から4両編成になったことを除けば変わっていない。見せ場に富んだ劇場路線はいまも健在だ。

■国内有数の急勾配区間

　現在は地下鉄となった東山越えの区間には、かつて国鉄の最急勾配区間だった碓氷峠と同じ66.7‰（パーミル）の勾配（水平に1000m進むと66.7m上がる勾配）があったが、京津線として残った逢坂山を越える区間にも61‰区間があり、国内有数の急勾配鉄道となっている。

大谷駅のベンチ。ホーム自体に勾配があるため、座面が水平になるように左右の脚の長さが違えてある

勾配といえば、40‰の勾配区間内に位置する大谷駅も見逃せない。法令の基準から外れた急勾配区間にあるため、特別認可を受けている駅は他社にもあるが、現在のところ、大谷駅構内が最も急勾配だ。ホームの柱を垂直の基準にすると、ホーム全体が傾いているのがよくわかる。

■ びわ湖浜大津の曲線に酔いしれる

上栄町〜びわ湖浜大津間の併用軌道区間も見ものだ。国内の併用軌道は、法令により列車長は最大30m以下とされているが、ここはその例外となっている。地下鉄直通のため以前より車体が大型化したうえ、2両編成を4両編成として列車長が66mになったため、特別認可を受けて運行しているのだ。

地下鉄車両としては小型だが、一般的な路面電車より、かなり大型なので、路上で見るとなかなかの迫力だ。交差点を直角に曲がるかたちで、びわ湖浜大津駅へ到着する姿は、ほかでは見られない貴重なシーンだ。とくとご覧いただきたい。

さらにいえば、この交差点は石山寺〜坂本比叡山口を結ぶ石山坂本線も通過するので、カメラを構えているレールファンをよく見かける。浜大津方面に行く際は、ぜひとも都合をつけて見ておきたいスポットだ。

■ 石山坂本線で800形をとらえよ

かつて京津線の車庫は、四宮駅に隣接する四宮車庫だったが、現在は留置のみに用いられ、石山坂本線近江神宮前駅に隣接する錦織車庫が京津線用800形も担当するようになった。そのため、石山坂本線を800形が走ることもある。

定期検査のための入場は日中だが、運転日の特定は難しい。だが、始発前・終電後の出入りは毎日ある。とくに始発前の出庫は、夏至の前後なら明るいのでねらいやすい。この時期、大津に泊まる機会があれば、ぜひ早起きしたい。

京津線の併用軌道よりも狭い道路を走る800形（石山坂本線三井寺〜びわ湖浜大津間）

びわ湖浜大津駅をあとにして、京都地下鉄京都市役所前駅に向かう

800形の先頭車は、地下鉄や路面電車にはめずらしいクロスシート車

旧北陸本線木ノ本～敦賀間

蒸気機関車黄金時代の足跡をたどる

柳ヶ瀬トンネル長浜側坑口。伊藤博文が揮毫した石額（扁額）のレプリカがある

■日本で4番目の鉄道

　日本で最初の鉄道は新橋～横浜間、2番目は大阪～神戸間、3番目は手宮～札幌間であることは多くの人がご存じだと思うが、4番目はどこだろうか？

　細かいことをいえば、手宮～札幌間より、大阪～京都間や京都～大津間のほうが早いのだが、この区間は大阪～神戸間の延長だから、2番目に含めてよいだろう。そうすると、4番目は1882年に開業した長浜～金ヶ崎（現・敦賀港）間となる。（ただし、柳ヶ瀬トンネル開通による長浜～金ヶ崎間の全通は1884年のため、日本鉄道の上野～熊谷間を4番目と数える見方もある）

　この区間は北陸本線の一部だが、現在の北陸本線は、1957年の電化時に連続急勾配を回避するために一部が別ルートになっている。

■現行ルートは電化が前提

　いまの北陸本線は、木ノ本駅から余呉湖付近を通って、賤ヶ岳の北方をトンネルで通過。近江塩津駅を経て、古くから往来のある深坂峠の直下を深坂トンネルで抜けて、日本海側に出るルートだ。トンネルを採用すると長くなるため、蒸気機関車時代には採用されなかったが、昭和初期に電化を前提に深坂トンネルが着工された。戦争激化により工事は中断したが、1957年にようやく開通した。

■柳ヶ瀬線の廃線

　長大トンネルを避けるため、柳ヶ瀬山をトンネルで抜けるルートが採用されたが、急勾配（25‰）や曲線が多く、幹線には向かないため、新ルートが完成すると1964年に廃線となった。

ただ、鉄道線としては厳しいルートだったが、高速道路の建設基準を満たすことはできたので、北陸自動車道として活用されることになった。このため、旧北陸本線の多くの部分が北陸自動車道の下になった。

■ 柳ヶ瀬線跡をたどる

廃線跡をたどる手段としては、徒歩・自転車・自動車などがあるが、柳ヶ瀬線の場合、柳ヶ瀬トンネルがほぼ原型のまま自動車専用トンネルとして転用されているので、自動車の利用をおすすめする。

鉄道目的のドライブでなくても、敦賀方面に向かうとき「ちょっと寄り道」という感覚で、廃線跡を走ることができる。

木ノ本駅からしばらくは、国道365号線がほぼ柳ヶ瀬線跡に沿っている。

左手（国道西側）に長浜市役所余呉支所や消防署余呉出張所がある地点は、中ノ郷駅があった場所だ。右手にホーム跡の一部が残り、復元された駅名標が建つ。峠越えに備えて補機（補助機関車）を連結する駅なので急行も停車しており、構内が広かった。

次に現れる遺構は柳ヶ瀬トンネルだ。国道365号線から東側に分岐し、国道365号線と北陸自動車道の間にある坑口から柳ヶ瀬トンネルに入る。

1884年に開通した柳ヶ瀬トンネルは、開業当時の状況をよく残し、乗用車同士でもすれ違いができない。そのため、信号による交互通行となっている。

ホーム跡にある復元駅名標。向かい側に並ぶ市役所支所、消防署出張所敷地も駅跡

坑口手前の左手には、伊藤博文揮毫の「萬世永頼」の石額のレプリカがある。実物は長浜の鉄道スクエアで展示されている。

ちなみに敦賀側には、建設の経緯を記した「柳瀬洞道碑」という石額のレプリカがあり、こちらも実物は長浜にある。

柳ヶ瀬トンネルの敦賀寄りにある刀根集落には刀根駅があったが、跡地は北陸自動車道刀根パーキングエリアに転用され、痕跡はない。

この付近の廃線跡は、北陸自動車道の下になっているが、高速道路の上下線が大きく離れた付近から、その間に農道状になった廃線跡が現れる。ここに柳ヶ瀬

柳ヶ瀬トンネル敦賀側坑口。左側の高架は北陸自動車道

原型をとどめる最古の鉄道トンネルとして知られる小刀根トンネル。トンネルの先に、道路トンネルとなった刀根トンネルが確認できる

トンネルに次ぐ規模の痕跡、小刀根(ことね)トンネルがある。

　県道や市道に転用されなかったため、1882年開業当時の姿をよく残し、開通時の姿を残す鉄道トンネルとしては日本最古だ。県道とは川で隔てられているが、小刀根トンネルの敦賀寄りに川を渡る橋があるので、路側が広くなっている地点に車を止めて、トンネルを観察できる。

　この付近から廃線後は県道に転用され、旧柳ヶ瀬線の刀根トンネルは、道路用に拡張された。

　この先の曽々木トンネルは、旧線跡を県道に転用するにあたり、オープンカットに改修されている。国道8号線と合流すると疋田(ひきた)集落に着く。集落内には疋田駅ホーム跡があり、2018年に駅名標のレプリカが建立されている。

■ 港町敦賀は鉄道の町

　鉄道建設が始まった頃、その開業区間の一端は、横浜、神戸、手宮、大津、金ヶ崎だった……共通点は港だ。金ヶ崎駅は、のちに敦賀港駅と改称されていることでわかるように、東海道本線の全通で港の重要性が低下した大津を除き、これらの駅を始めとする港湾にある駅は、海運との連絡を重視する鉄道のシンボル的存在だった。

　現在、敦賀港駅は休止中で、2019年3月の廃止が決まっている。しかし、金崎公園駐車場に隣接する観光名所に立地するため、「ぐるっと敦賀周遊バス」を利用して行くことができる。観光のついでに立ち寄りたい鉄ちゃん向きのスポットだ。

　東京からシベリア鉄道連絡の直通列車が運転された時期もあり、周辺には、その歴史を偲ばせる建造物がある。

　最も価値が高いのは、敦賀港駅構内に

残る開業当時に建設されたランプ小屋だ。開業当時の鉄道は、まだすべての灯具をランプに頼っており、ヘッドライトに相当する前部標識灯などもランプだった。ランプ本体や燃料の油を保管するランプ小屋は、安全な運行を確保するために不可欠の存在だった。創業間もない鉄道で、これだけの規模のレンガ造りの小屋があったことに感心する。

敦賀赤レンガ外観

敦賀港駅の南側には、レンガ倉庫を転用した「敦賀赤レンガ」がある。1棟はレストラン館、もう1棟はジオラマ館だ。明治末期から昭和初期の敦賀の町並みをモデルにしたHOゲージのジオラマがある。敦賀駅も見事だが、スイッチバック駅をここまで再現したジオラマは、なかなか見られない。一般400円・小学生以下200円の入場料が必要だが、その価値は十分ある。

さらに敦賀市が購入した国鉄の急行用ディーゼルカー「キハ28」を敦賀赤レンガ横で展示している。

敦賀赤レンガの海側にある金ヶ崎緑地の南端に、旅客列車が走っていた時代の敦賀港駅舎を再現した資料館がある。鉄道関係の展示が多く、敦賀港に来たなら見学しておきたい。

ランプ小屋はJR貨物が所有する敦賀港駅構内にあるが、公開時間中は自由に出入りできる

旧敦賀港駅舎の外観

旧北陸本線木ノ本〜敦賀間

京滋・福井編　95

加悦SL広場

貴重な車両を見学したあとはレトロ車両で一服

食堂として活用されているキハ08（左）の横を走るキハ101

　加悦SL広場は、加悦鉄道の終点、加悦駅に接続していた大江山ニッケルの専用線の終点付近に設けられた鉄道車両保存施設だ。

　加悦鉄道は、国鉄宮津線丹後山田駅（現・京都タンゴ鉄道宮豊線与謝野駅）と加悦駅を結んでいた全長5.7kmの鉄道だ。沿線の名産品だった「ちりめん」などの輸送を目的に創立したが、戦争中にニッケル鉱山が開かれて沿岸部で精錬工場の操業が始まったため、精錬関係の輸送が主力となり、日本冶金の系列会社となった。

　丹後山田～加悦間の輸送は客貨ともに伸びることはなかったので、古い客貨車やディーゼルカーが長く使われた。こうした古い車両は映画やドラマのロケなどにも使われることがあり、1970年には加悦駅構内に「加悦SLの広場」が開設され、廃車となった古典車両の展示が始まった。

　1985年に鉄道営業を廃止したあとも旧加悦駅構内で「加悦SLの広場」の営業が続けられたが、その後、大江山鉱山駅跡地に移転、96年に「加悦SL広場」として開場した（駅跡地は加悦町に譲渡）。

　入口の建物は加悦駅舎をモデルにしている。駅舎を移築したと勘違いしている人を見かけるが、加悦駅舎は与謝野町役場（旧・加悦町役場）横に資料館として現存している。

　例年、ボランティアグループの協力により、ゴールデンウィークに「加悦鉄道まつり」、11月上旬には「周年祭」が開催される。場内で保存されているディー

ゼル機関車・ディーゼルカーの運転が行われ、乗車もできる。

機関車の保存だけでなく、ディーゼルカーや客車、貨車の保存にも力を入れ、木造客車の保全に注力していることは特筆に値する。

加悦SL広場

手前は2005年に重要文化財に指定された2号機関車。1874年に大阪～神戸の鉄道開設時に輸入された英国Rt.Stephenson製の機関車。マッチ箱と呼ばれた区分式客車ハ4995と連結されている。奥の1261号は1923年製の国産機

キハ08の車内。食堂として使うためにテーブルを増設した区画もある。イベント日には隣の線路を動態保存の車両が走るので、現役車両のように見える

京滋・福井編

蒸気機関車を改造したディーゼル機関車。春秋のイベントでは動く姿が見学できる

イベント日の動態保存車運転時には、加悦鉄道で実際に使用されたスタフ（通票）を運転士が携帯する

数少ない加悦鉄道自社発注車両のディーゼルカー。ガソリンカーとして登場したが、のちにディーゼルエンジンに換装した。自走可

イベント日に動態保存車が走る線路には踏切もある

国鉄が製造した旧型客車を改造したディーゼルカーキハ08。現在はショップ蒸機屋の食堂車になっている

兵庫編

須磨山上遊園から須磨駅付近を俯瞰する。海水浴場を背景に走る列車をねらえる好撮影地

阪急電鉄・伊丹線、甲陽線
阪神電鉄・武庫川線
阪神電鉄・御影駅
阪神電鉄・西宮駅
JR西日本・和田岬線
川崎重工業兵庫工場ほか
須磨浦公園
能勢電鉄・山下駅
旧福知山線・生瀬～武田尾間

阪急電鉄・伊丹線、甲陽線

伊丹線・甲陽線の誕生秘話

伊丹線で最後の活躍をする3000系（伊丹〜新伊丹間）

　阪急電鉄神戸線は、大阪と神戸を短時間で結ぶ目的で誕生した基幹路線だ。その神戸線に付属する伊丹線・今津線・甲陽線の3支線の使命はなんだろう。

■ 幻の「伊丹経由」神戸線

　箕面有馬電気軌道として創業した阪急電鉄は、社名が示すとおり宝塚線と箕面線の2路線を開業し、さらに宝塚の開発を進めるため、宝塚と阪神電鉄を結ぶ新線（現・今津線）を計画した。

　また、西宮〜神戸間の新線免許を持つ灘循環電気軌道が経営に行き詰まると、同社の免許を阪神電鉄と争って取得、十三から伊丹を経由して神戸までの新線を建設することになり、社名を阪神急行電鉄（略称は阪急）に変更した。

　阪神電鉄との競合を意識したためか、ルート短縮のため伊丹経由を諦め、代わりに塚口〜伊丹間の伊丹線を計画した。このような経緯があるため、1920年、神戸線と同時に伊丹線が開業した。

　開業時、中間駅はなかったが、21年に稲野が開業、同駅西側に阪急直営の稲野

開業当時の洒落た駅舎が健在の新伊丹西口改札

規模を縮小して再建された現在の伊丹駅

住宅地を開発した。さらに35年には、新伊丹住宅地の開発に合わせて、新伊丹も開業させた。つまり、宝塚線で成功した新線と沿線開発を組み合わせる「阪急商法」を取り入れたわけだ。

■ 伊丹線を延長して宝塚へ!?

一方、阪急との争いで敗れた阪神も手をこまぬいてはいなかった。阪急伊丹線の開業後、尼崎～宝塚間の新線を計画していた宝塚尼崎電気鉄道（尼宝電鉄）に出資して阪急を牽制した。

尼宝電鉄のルートは武庫川沿いで伊丹線とは離れていたが（現在の県道42号。通称・尼宝線）、のちに伊丹線と競合させるかのような伊丹市街地を通るルートに改められた。これに対し阪急は、尼崎～塚口間、伊丹～宝塚間の特許を取得して阪神を牽制した。

68年の伊丹駅高架化時に線路を150mほど延伸、ホームを島式2面4線としたのは、宝塚延長を考慮したためといわれた。

結局、伊丹線の延長は実現することはなく、阪神大震災で倒壊した伊丹駅は島式1面2線で再建。延長区間の特許も失効し、宝塚への延長の可能性は消えた。

なお、尼宝電鉄は着工され両端部を除き路盤が完成したが、鉄道での開業は断念され、バス専用道路に転用された（その後、県が買収し県道になった）。

また、神戸線より先に計画された今津線は、西宮北口以北が21年に、以南が26年に開通している。

■ 阪急の鬼っ子？　甲陽線の歴史

1924年に開業した甲陽線は、阪急とは関係なく開発が進められた苦楽園、甲陽園へのアクセス路線として建設された。

当初は、別荘地・行楽施設として整備が進められたこのエリアには、阪神が香櫨園と苦楽園をむすぶトロリーバスを計画しており、その対抗措置として急遽建設が決まったといわれている。のちに高級住宅地として開発が進められたが、六甲山地の東縁部に向かう路線であるため、延伸などは考えにくい位置にある。

このような理由で、大きな発展が期待できないためか、阪急の路線で唯一、当初から単線で建設され、現在も単線だ。

夙川駅の神戸線下りホームから見た甲陽線電車。ここまで完全に直角方向への分岐は珍しい

阪急電鉄・伊丹線、甲陽線

兵庫編

阪急の単線路線としては他に嵐山線があるが、こちらは複線で開業し、のちに単線化された路線だ。さらに、阪急でワンマン運転を行っているのは、甲陽線と今津南線のみだ。神戸線ホームから真横に伸びるホームからの発着は、同一会社の支線では珍しい線路配置だ。

このように特徴をあげると、甲陽線は阪急で唯一のローカル線と呼べそうだ。

余談だが、ライトノベル・アニメの涼宮ハルヒシリーズの舞台は、当線や西宮北口駅付近とされ、いわゆる聖地巡礼で盛り上がった時期もあった。

夙川駅に到着する甲陽線電車

1面2線時代の甲陽園駅。駅のすぐ近くまで山が迫り、山際に建設されていることがよくわかる

阪神電鉄・武庫川線

「橋上駅」から延びる単線ワンマン路線

平日ラッシュ時に列車交換が行われる東鳴尾駅

■橋上駅舎を始発駅とする盲腸線

武庫川線の始発駅武庫川駅は、阪神本線のホームが橋梁上にある駅として知られている。橋梁の規模を問わなければ、橋梁上にホームがある駅は多数あるが、武庫川橋梁のような大規模な橋梁にホームがある例はめずらしい。

武庫川橋梁の形式は下路プレートガーダー。通常、両側の主桁は同一サイズだが、武庫川橋梁は、ホーム下に収まる左右の主桁に比べ、中央部の主桁が高い。ホーム設置を前提とした設計を示すものといえよう。

阪神本線のホームの長さは川幅の5分の4ほどを占め、ホームから川面を眺めると、川の上に浮かんでいるような独特の雰囲気がある。上り線（上流）側には採光と眺望を考慮してのことだろう、クリアボードが設置されているため、かなり遠くまで見通せる。歩道のある下り線（下流）側は金網のフェンス越しの景色となるが、おかげで風通しがよく、好天なら川面をわたる風が気持ちよいだろう。

■連絡線が見える場所

阪神本線のホームは橋梁の梅田寄りにあるが、この駅から南に延びる武庫川線のホームは川の西岸にあるため、本線ホームの神戸寄りから武庫川線への乗換通路がある。武庫川線に至る階段の手前はフェンスが低くなっているため、本線を往来する列車がよく見える。

その反対側、つまり右手を見ると、本線から武庫川線に延びる回送用の線路が

兵庫編 103

阪神本線武庫川駅の「橋上駅」

あるのだが、その途中にある踏切が面白い。道路をふさぐ遮断機だけでなく、線路をふさぐ金網の扉も設けられている。武庫川線用車両が尼崎の車庫で検査を受けるために回送する際に使われるが、毎日回送されるわけではないので、この踏切が使われることはあまりない。

■ 武庫川線の歴史

武庫川線は、武庫川の河口近くにあった川西航空機工場の通勤と物資輸送用につくられた路線で、1944年に全通している。貨物は国鉄西ノ宮（現・西宮）駅から、旅客は国道2号線との交差部にあった武庫大橋から武庫川河口近くの洲先までの運行だった。

貨物列車の運転は1950年代になくなり、武庫川～洲先間の旅客営業のみとなったが、工場移転跡転用し武庫川団地が開発されると、ニュータウンへのアクセス路線として整備された。84年に洲先～武庫川団地前駅間にともなって既存各駅も整備され、2両編成の運転が可能となった。

武庫川駅での乗り換えにあたっては、武庫川線乗り場に入る前に乗り換え改札を通過する必要があり、乗り越しで武庫川線各駅に行くためには、下車駅までの精算を行わないと乗りかえできない。

現在、武庫川線用に使用されている車両は、赤胴車と呼ばれた急行車塗色で、かつて阪神電鉄で標準連結器として使われたバンドン式密着連結器を現在でも使用している。そのため、古くからの阪神電鉄ファンには、懐かしい路線となっている。

回送用線路の踏切

武庫川線乗り場と本線ホームをつなぐ通路も、ホームと同様の構造をとる。武庫川の景色が美しい

現在の武庫川線用車両

バンドン式密着連結器。国内で長い期間使用していたのは阪神電鉄だけだった

柴田式密着連結器。国内で多くの鉄道会社が電車用に採用している。阪神も標準型に採用した

阪神電鉄・武庫川線

阪神電鉄・御影駅

幻の「阪神急行線」計画

橋台のようにも見える御影駅高架の出っ張り

阪神電鉄本線の住吉～石屋川間は、かつて併用軌道（いわゆる路面電車）だったが、1929年に新設軌道（専用軌道）に改築され、阪神で初めて高架化された区間だ。石屋川駅のように、阪神淡路大震災による被災のため大幅に改築された駅もあるが、注意深く観察すると、昭和初期に阪神が抱いていた構想が見えてくる。

住吉駅の階段に残る昭和初期の丸窓や、御影～石屋川間が当初から複々線を考慮した高架橋になっていたことなど、興味深い点のある区間だが、最大の謎は、御影駅北側にある、高架橋の出っ張りだ。

橋台と思しき形状で、曲線部にある御影駅に対し、直線で大阪方面に向かう線路を建設しようとしていた計画の痕跡のように見える。実際、阪神電鉄には、カーブが多い既設線とは別に、並行する急行線を建設する構想があった。1939年に地下駅化した梅田駅は複々線化を考慮したトンネルになっており、地下区間を福島まで延長する前は、車内からそのことが確認できた。

阪神なんば線の尼崎～千鳥橋間も、もとは阪神本線の急行線の一部として建設された。ほぼ直線で同区間を結び、千鳥橋駅付近で方向を変えて直線状に梅田に至ることを想定したルートのようだ。

御影駅の神戸寄りにある高架橋は、複々線化が可能な幅員がある。さらに石屋川駅は被災するまでは相対式2面2線でホームの南北に留置線があった。このため、この高架は複々線化を考慮した設計とも言われていた。

大物～千鳥橋間の開通は1924年、大物～尼崎間の複々線化が28年だから、御影駅の出っ張りは、阪神電鉄が複々線化の野心を抱いていた痕跡と見なすこともできよう。西宮～芦屋～御影間の阪神本線は魚崎に迂回しているので、西宮ないし芦屋～御影までを直線状に結べば、理想的な急行線となる。

なお、この出っ張りの梅田寄りにあるホーム状の構造物は、貨物ホームの痕跡という解説もあるので、橋台のように見える出っ張りも、貨物施設の準備工事という可能性もある。また、1933年に開業した岩屋～元町間の地下線は、複々線化を考慮した痕跡はない。

出っ張りの梅田寄りにあるホーム状の構築物

阪神電鉄・西宮駅

阪神電鉄の秘めたる野望？　西宮駅の謎

阪神本線の最長編成は6両で、各駅のホームはそれに準じた長さになっているが、2001年に上下線とも高架駅となった西宮駅は、なぜかホームが長い。阪神車なら10両編成、車体が長い近鉄車でも9両編成が停車可能だ。神戸寄りにある折り返し線も、1線は10両編成対応だ。

近鉄車6両編成でも余裕がある西宮駅ホーム

鉄道の高架化工事は、基本的に道路改良工事の一種という扱いで、費用の大半は、国や地元自治体が負担する。ただし、高架工事のついでに線路や駅施設を改良すると、その費用は全額鉄道会社の負担となる。

昔は高架化時に、将来に備えてホームの延長を行うケースも散見されたが、高度経済成長期に工事費が高騰すると、具体的な計画なしに仕様を「ついでに」変更することはほとんどなくなった。

阪神の場合、ターミナルの梅田駅で対応できる編成長を伸ばす計画はなく、西宮駅の長大ホームを有効に活用する計画は明らかにされていない。

阪神を走る最長編成は、阪神なんば線に乗り入れる近鉄快速急行の10両ないし8両編成だ。尼崎で一部を切り離し、6両編成で神戸三宮まで乗り入れる。

西宮駅の場合、近鉄車10両は無理だが、8両なら入線可能なので、近鉄8両編成の乗り入れ構想があるのかもしれない。

ねらいは甲子園輸送だ。2017年に完成した甲子園駅改良工事の結果、一部ホームが近鉄車8両編成に対応可能になったので、途中停車駅を甲子園駅のみとした西宮行き列車の設定が可能できるようになったのだ。

甲子園輸送に対応して、近鉄からの臨時列車を8両編成で運転する構想があるのではないか、と予想しているが、どうだろうか。

現在の西宮駅ホームは、梅田寄りがこのように閉鎖されている

JR西日本・和田岬線

都会のローカル線!? 朝夕のみの通勤専用路線

和田岬線を走る103系

■「無名の支線」でも古参路線

　和田岬線は、JR神戸線兵庫駅と和田岬駅を単線で結ぶ、全長2.7kmの短い支線だ。正式には山陽本線の一部で独自の線名はないが、JR西日本自身も「和田岬線」という通称を使っている。

　和田岬駅周辺には三菱重工や三菱電機、その関連会社があり、これらの企業への大勢の通勤客が利用する本格的な通勤鉄道だ。ただし、昼間の運転はまったくなく、朝は7時頃～9時頃まで、夕方は17時頃～20時頃まで通勤時間帯のみ運転されている（休日は朝夕1往復ずつのみ）。関西で、ここまで通勤輸送に特化した路線はここだけだ。

　和田岬駅に隣接して、神戸地下鉄海岸線の「和田岬駅」（ややこしいが同じ駅名）があるが、JR線沿線からの利用者にとっては和田岬線を利用するほうが運賃が安いこともあって、さほど競合はしていないようだ（通勤手当で地下鉄利用を認めない会社もあるらしい）。

■和田岬線のなりたち

　現在は通勤客専用鉄道になっているが、もとは今の山陽本線を建設した山陽鉄道が、船で運搬された資材の運搬用に建設した線路だ。兵庫港エリアの臨港鉄道と

鐘紡前駅のホーム跡。以前は、ホーム跡とわかるくらい盛り土が残っていたが、電化工事前にほとんどが撤去された。現在はわずかに擁壁の基部が残るのみ

して整備が進められたが、今は貨物営業を行ってない。

ただし、沿線には今でも貨物営業の痕跡が残り、30年間ほど営業した唯一の中間駅「鐘紡前駅」ホーム跡も確認できる。

和田岬線が2001年に電化されたのは、神戸市が三宮に近い神戸港駅（貨物駅）を防災公園として整備した結果だ。

神戸港駅の代替として、鷹取操車場跡に神戸貨物ターミナル駅を整備することになり、和田岬線ディーゼルカーに給油していた鷹取機関区跡の施設が使えなくなったためだ。

兵庫運河を渡る鉄橋。船の通過時に線路が回転して水路を開ける「回転橋」として建設されているが、現在は固定されている

■ 乗務員訓練センター

兵庫駅の和田岬線ホームは、JR神戸線（山陽本線）ホームより一段低い位置にある。そのため、和田岬線を走る車両は、鷹取駅に隣接する神戸貨物ターミナル駅で山陽本線列車線と接続する小運転線を通過して出入りする。

この小運転線は、原則として昼間は使われておらず、現在、日中に神戸乗務員訓練センターとして使われている。運転士や車掌の対応能力の向上を目的とする訓練で、訓練用の信号（通常の信号より低い位置にある）が設置されていることがJR神戸線電車内から確認できる。

訓練車両には、網干総合車両所明石支所に配置した和田岬線用103系電車が使われている。この車両は、乗務員訓練に使用するため、乗務員室と客室の仕切壁の窓を開閉式に改造するなど特殊な仕様になっている。

この103系が検査などを受ける場合は、JR神戸線などで普通電車に7両編成で使用する207系を6両編成に変更して代走させる。

なお、兵庫駅和田岬線ホーム入場には、乗換改札通過の必要があり、和田岬まで有効な乗車券を所持する必要がある。

小運転線を走る訓練中の103系電車。すぐ左側の線路は下り列車線（新長田駅下りホームから撮影）

兵庫駅の乗換改札。ここにある自動精算機を使うと、和田岬駅までの運賃を支払うことになる

川崎重工業兵庫工場ほか

鉄道車両製造の老舗「川崎重工」で見る・学ぶ

出荷のため、JR貨物DE10に牽引されて工場から出てきたEF510-500番台

■日本を代表する鉄道車両製造工場

　乗用車やトラック・バスや二輪車に、それぞれメーカーがあるように、鉄道車両も複数のメーカーがある。川崎重工は、近畿車輛のような専業メーカーではなく、総合メーカーの一部門（鉄道車両カンパニー）だが、明治末期から国鉄・私鉄を問わず、多数の車両を供給してきた名門で、日立製作所に次いで国内2位の売上高を誇る。

　川崎造船所の一部門として蒸気機関車・客車・電車の製造に乗り出したあと、専業メーカーの川崎車両として分社化、その後、川崎造船所の後裔である川崎重工業と合併し、のちに専業メーカーの汽車製造を吸収合併している。

　神戸市にある兵庫工場はその主力製造拠点であり、工場に入ることはできないが、工場近辺で製造中の新型車を見ることができる、車両好きにはたまらないスポットだ。

新幹線0系と在来線特急用151系（川崎重工業兵庫工場内の車両本館正面）

公道が工場構内を横切っているのが特徴。運がよければ工場内を移動する製造中の車両も見られる

■ 製造口の車両が公道を横切る

川崎重工兵庫工場は公道を挟むかたちで立地しているため、工程の都合で、製造中の車両が公道を横切ることもめずらしくない。加えて、作業員や部品などが頻繁に公道を横断するので、操業中は門扉がほぼ常時開いている。このため、公道から製造中の車両がよく見える。実際の製造現場はほとんど見えないが、新型車がツイッターなどで話題になることもあるくらいだ。

■ 車両の輸送方法

完成した鉄道車両は、どのようにして鉄道会社まで運ぶのだろうか。

多くのメーカーでは、工場にJR線と直結する専用線（引込線）があり、JR貨物に車両輸送を委託して貨物列車として運ばれる。このように、鉄道車両をレールに載せて車両自体を貨物として運ぶ形態は、国鉄時代から「甲種鉄道輸送」と呼ばれている。一部私鉄では、JR在来線と軌間（レールの幅）が異なるため、仮台車を装備して甲種輸送を行うこともある。

なお、国鉄では「乙種鉄道輸送」という分類があり、これは鉄道車両を貨車に乗せて運ぶ形態だったが、今はこの区分はない。

甲種輸送以外では、トレーラーに搭載して道路輸送するケースも少なくない。関西のメーカーで製造された関西私鉄の新車は道路輸送が使われる。ただ、一般的な大きさの鉄道車両の場合、道路通行に制限を受けたり、物理的に通過できないトンネルがあったりして、トレーラーごとフェリーに乗船することもある。

新幹線の場合、遠距離の道路輸送は現実的ではないので、大半は車両基地に近い港まで船舶輸送を行う。兵庫工場には艀（はしけ）が横付け可能な岸壁があり、艀で神戸港まで運搬したのち、貨物船に積み替えて車両基地最寄りの港に向かう。

■ 兵庫工場からの甲種輸送

兵庫工場から甲種輸送を行う場合、和田岬線を利用するため、朝の和田岬線営業が終わった10時台に工場を出るのが通例だ。

船積みは、兵庫運河に面した岸壁から艀（はしけ）で行う

艀で神戸港へ移動させた車両は、貨物船に積み替えて目的地に向かう

兵庫駅和田岬線用ホームから見た甲種車両輸送貨物列車。甲種輸送の予定は月刊『とれいん』や『鉄道ダイヤ情報』などに掲載されることが多く、見学者が集まる

　和田岬線の電車を網干総合車両所明石支所に回送したあと、JR貨物のディーゼル機関車が工場のゲートまで回送され、出荷車両と連結。兵庫駅の和田岬線乗り場を経て、鷹取駅に隣接する神戸貨物ターミナルまで甲種輸送列車として運転される。

　JR西日本の電車は、ここから公式試運転（メーカーから引き渡す前に行う試運転）を行い、そのままJR西日本が受け取るのが通例となっている。

　余談だが、鉄道車両は発注会社の指定場所で引き渡すのが通例なので、JR貨物の貨車も、引き渡し場所に指定された場所までは車両メーカーを荷主とする甲種輸送で運ばれる。

　話を戻すと、兵庫工場では、トレーラー輸送も和田岬線につながる専用線と同じ門を使用する。ここを出て東に向かう場合、国道2号線の交差点をUターンするようなかたちで合流する必

JR西日本の電車は、神戸貨物ターミナルから公式試運転を行い、そのまま引き渡される（垂水～舞子間）

要がある。

　大阪交番運転所まで道路輸送を行っていたJR東海の新幹線車両の運搬では、これが最大の見せ場だったが、近年、JR東海は川崎重工に発注していないので、兵庫工場からの新幹線車両の道路輸送は見られない。

■マニアックな展示を見る

　兵庫工場からの甲種輸送を「見学」して余力があるなら、神戸港メリケンパーク内にある神戸海洋博物館にも立ち寄りたい。お目当ては館内にある企業ミュージアム「カワサキワールド」だ。

　創業者や社史、バイク、鉄道車両、船舶、航空機など主要事業を紹介する典型的な企業ミュージアムだ。レールファン的見地では0系関連しかないようで、一見内容が薄くみえるが、博多開業に備えて改良型になる前の正真正銘の初代転換式3人掛け座席と、0系最終バージョン2000番台を回転式リクライニングシートに改造した客室があり、なかなかマニアックな展示が楽しめる。

0系用DT200型台車も展示されている

3人掛けの回転リクライニングシート。廃車時の車内が保存されている

0系の原型座席。同じ0系でも座席が改良されていたことが実感できる

0系2000番台前頭部が保存されている

川崎重工業兵庫工場ほか

須磨浦公園

ロープウェイでトレインウォッチング

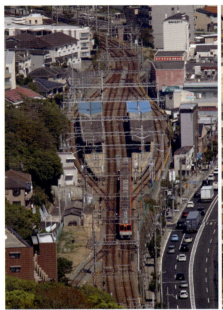

山陽須磨駅を出発した阪神電車

普通電車を横目にJR須磨駅を通過する特急「スーパーはくと」

■ 望遠レンズを持って須磨へ！

　古くから風光明媚の地として知られ、今も海水浴場や海釣り公園、須磨水族園や須磨浦公園など、レジャー施設に事欠かない須磨。

　鉄ちゃんにも有名な場所で、乗り鉄にも、撮り鉄にも人気がある。なかでも須磨浦公園は、その中を山陽電鉄が横切り、JR神戸線（山陽本線）もよく見える絶好のトレインウォッチング＆撮影スポットとなっている。

　ロープウェイで、須磨浦山上遊園に上がると、鉢伏山上駅（ロープウェイ山上駅）の正面にカーレーター乗り場がある。乗り場屋上は展望台になっていて、神戸の町並みや大阪湾一帯の眺望がすばらしい。

　最近、スマホの写真に飽き足らず、一眼レフデジカメやミラーレスデジカメを買う人が増えてきたが、ダブルズームセットなど本格的な望遠レンズを購入されたなら、ぜひ須磨山上を訪れていただきたい。山陽須磨駅やJR須磨駅を模型のように捉えることができる。

■ 撮影スポット「スマシオ」

　須磨浦公園駅前から国道2号線の南側歩道を須磨駅方面に向かうと、トラックの重量違反を取り締まる計量所がある。この付近が、JR神戸線の撮影名所「スマシオ」だ（須磨と塩屋の間という意味）。

須磨浦公園内から撮ったJR神戸線。遠景にあるのは海釣り公園

須磨浦公園

ただ以前と異なり、歩道と線路を仕切るフェンスが高くなったうえ、有刺鉄線が付けられた場所もあるので、脚立などの足場がないと撮影はきわめて困難だ。それでも望遠レンズを使えば、足場なしでなんとか撮ることができる場所があるので、望遠レンズを持っていたら、場所探しの練習がてらに寄ってみるのも手だ。

上の写真にあるように、須磨浦公園に隣接してCafeレストラン「ガスト」がある。

駐車場と建物は国道2号線よりも一段高い場所にあるので、JR神戸線がよく見える。トラックなどの大型車や街路樹が障害になるものの、食事をしながら撮

スマシオで撮影したEF65PF形。上り列車向け撮影地のため、光線状態がよいのは朝だ

影するわけではないので、それほど気にならない。特に目的がなくても、列車が見えているほうが楽しいし、塗装変更やラッピングの情報は、どうしてもタイムラグがあるので、チャンスがあれば列車を見ていたい。

公園内にある山陽電鉄須磨浦公園駅。ホーム上にロープウェイの駅。春になると周りには桜が咲く

本来は海を眺めるのが目的だろうが、ガスト須磨浦公園店は線路側の窓が大きい

兵庫編 115

能勢電鉄・山下駅

山下駅の"入換大作戦"

能勢電が見せるこだわりの接続

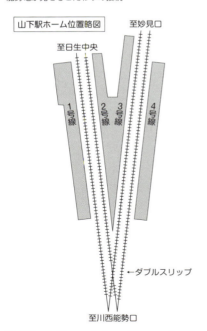

■ 典型的なニュータウン鉄道

　妙見線は、ローカル私鉄として開業したが、次第に沿線の宅地開発がすすみ、通勤通学輸送が主力の路線になった。1978年には阪急日生ニュータウンのアクセス路線である日生線も開業した。

　平日の朝ラッシュ時は、日生中央駅から梅田駅行きの特急「日生エクスプレス」が、夕方ラッシュ時には梅田駅から日生中央行の特急「日生エクスプレス」が運転される。この梅田直通列車には、阪急電鉄と能勢電鉄が所有する8両編成が使用される。

■ パズルのような発着風景

　一方、川西能勢口発着の能勢電線内の列車は4両編成、ラッシュ時以外に運転される山下～日生中央・山下～妙見口間

本来、2号線川西能勢口行きの乗り場だが、1号線経由日生中央行きと案内されている

3号線に到着する妙見口駅行き

3号線に到着した妙見口駅行きからの乗換が終了した日生中央駅行き

能勢電鉄・山下駅

の区間列車には、2両編成が使われる。

　この区間列車が運転される時間帯の山下駅はなかなか面白い。川西能勢口から妙見口行きと日生中央行きが交互に運転され、山下駅で互いに接続する。

　まず、山下〜日生中央間を往復する編成Aが、山下駅の2号線（川西能勢口方面のりば）に到着する。編成Aは、乗客を降ろしたあともそのまま2号線にとどまり、川西能勢口発妙見口行きの編成Bが3号線（妙見口方面のりば）に到着するのを待つ。編成Bが到着して、その乗客が編成Aに乗り換えると、編成Aは川西能勢口方面に進み、ダブルスリップを通過して本線上で折り返し、1号線（日生中央方面のりば）に入線、日生中央方面に向かう客を乗せる。

　通常、入換は客を乗せずに行われるが、山下駅では、降車ホームから乗車ホーム

への入換を、客を乗せたまま行うのだ。おかげで、川西能勢口方面から日生中央方面に向かう乗客は、1号線に行くために階段を上り下りすることなく、3号線から2号線に平面移動すればよい。鉄道趣味的には、ダブルスリップ通過を経験できるというのもメリットといえよう。

　パズルのようにタイミングを合わせて動く電車を眺めていると、まったく退屈しない。

1号線では、山下駅から日生中央駅に向かう客が乗車する

兵庫編 117

旧福知山線・生瀬〜武田尾間

福知山線旧ルートを歩く

このハイキングコースで最大の遺構旧第2武庫川橋梁

■ ハイキングコースとなった廃線敷

　JR宝塚線（福知山線）の前身・阪鶴鉄道が、有馬口（現・生瀬）駅から三田駅まで開業させたのは1899年。武庫川渓谷沿いのルートを鉄道が通るようになって120年ほどになる。

　大阪近郊路線のわりには近代化が遅れ、宝塚駅まで複線化が完成したのは1985年、電化は86年。新三田までの複線化と福知山までの全線電化が完了したのは、JR化の直前86年だった。

　生瀬〜道場間は、三田駅までの複線化に際してトンネル主体の別ルートになり、旧ルートは廃線となったが、この旧ルートを使ったハイキングが人気を呼んでいる。

　旧ルートは、武庫川渓谷を通っていて、ちょっとしたハイキングにぴったりのコースだ。最初は知る人ぞ知るコースだったが、次第に知名度が上がり、関西のハイカーたちに広く知られるようになった。

　ただ、線路跡の保有者はJR西日本だ。廃線で事故でもあったら困る。それで完全閉鎖も検討したようだが、結局、最小限の整備を行ったうえで自己責任による立入りを黙認するようになった。

　整備区間は、生瀬駅西方の中国自動車道交差付近から旧武田尾駅付近まで、距離は駅からコースへのアクセスを含めて約7km。所要時間は2時間半くらいだろうか。

　2016年に再整備が行われ、旧線跡への入口付近に公衆トイレが整備され、案内も拡充されたので、以前より利用しやすくなったが、あくまで利用者の自己責任

が原則なので、くれぐれも事故のないように準備してから行きたい。

■ ハイキングコースへの道のり

　ハイキングコースへは、生瀬駅よりも西宮名塩駅からのほうが若干近いようだが、コースに含まれない線路跡が国道から確認できることを期待して、生瀬駅から向かう。

　有馬街道が分岐する交差点付近に旧線の橋台らしきものが見える。草木が繁茂しているため写真が撮りづらいが、存在は確認できる。

　この先は、国道176号南西側に旧線跡が徐々に下がっているはずだ。しかし、重機が入った痕跡があるので、国道拡幅用地とする工事が始まったのかもしれない。

　中国自動車道の下では国道の拡幅が終了し、以前とは状況が変わっている。国道から武庫川方面に降りる坂道の横に案内標識があり、坂道を降りきると公衆トイレがある。ここがハイキングコースの

生瀬駅近くのハイキングコース

以前は点検用通路を補修して使っていたが、16年の整備で廃線跡の雰囲気は薄れた

起点のようだ。

　一見、単なる未舗装の農道のようだが、ほぼ平坦な道でカーブが少なく、単線の線路を思わせる道幅だ。

　ただ、レールはすべて撤去され、枕木が残る場所もそう多くはない。映画『スタンド・バイ・ミー』のような光景はないので、あしからず。とはいえ、道の曲がり方や、周囲の景観を眺めつつ想像力を働かせれば、往年の風景がイメージできるとは思う。

市が建立した「廃線敷」を案内する標識。めずらしいケースだ

このように枕木が残っている場所は結構ある

旧福知山線・生瀬〜武田尾間

兵庫編

かろうじて制限速度が読める標識

スマホのライトを使用している人も見かけたが、電波状態がよくないエリアなのでバッテリーの消費量が多く、おすすめできない。

もう1つの目玉は武庫川第二橋梁だ。赤茶色のワーレントラス橋を見ると、ここに線路があったことが強く実感できる。

武庫川第二橋梁の三田寄りにある長尾山第1トンネルを抜けると、展望広場と名付けられた場所に出る。旧線現役時代には撮り鉄の定番スポットとして知られ、対岸からこの付近を走る列車をねらったものだ。車窓から武庫川がよく見える場所でもあり、撮り鉄にも乗り鉄にも注目の場所だった。

■ 武田尾駅へ

宝塚市の里山公園「桜の園（亦楽山荘）」の入口を通過すると、ハイキングコースもあとわずかだ。

保線作業時に列車を監視する見張員が立っていた監視所。線路跡らしいアイテムだ

両坑口付近が広い北山第1トンネル。状況から、開業後の改良でトンネル化された区間の可能性も

■ 旧線のトンネルを歩く

このコースで最も廃線跡らしい場所はトンネルと鉄橋だろう。トンネルは全部で6つあるが、トンネル内に照明の類は一切ないので、ライトが必要だ。徒歩で通過するには、ちょっと長めのトンネルが多く、しかもほとんどがカーブのあるトンネルなので、出入口から差し込む光は当てにならない。光量の大きい、できれば登山用のヘッドランプを用意したい。

90年の整備時に取り付けられた注意標識か

真新しい橋台に、旧線から流用したプレートガーダーが載る支流を渡ると、旧武田尾駅跡地だ。駅の痕跡は、まったくと言ってよいほどない。現在は市営駐車場として整備されているので、車を置いて廃線跡を歩き、電車で戻ってくることも可能だ。

　駐車場付近から武庫川本流を渡る道路橋が、旧武田尾駅正面にあった橋だ。ここから400mほど歩けば、現役の武田尾駅だ。

　武田尾駅のホームは、南半分が第2武庫川橋梁上、北半分が第1武田尾トンネル内にあるという、めずらしい構造だ。

旧福知山線・生瀬〜武田尾間

武田尾ハイキングコースの代表的景観。トンネルと鉄橋、武庫川第2橋梁の上からは武庫川本流の流れを見ることができる

兵庫編

ベンチが備えられた展望広場。旧線時代を知る撮り鉄には懐かしいポイントだ

山深い地にある武田尾駅だが、4扉の通勤型電車がデイタイムでも1時間に4本停車する

阪急神戸線、御影S字カーブ

　阪急電鉄を紹介する本を見ると、阪急御影駅の梅田寄りで撮影した写真を見かけることが多い。というのも、大阪〜神戸の直結を目的として建設された神戸線は直線区間が多いのだが、くだんの場所には阪急神戸線では珍しい急カーブがあり、踏切からカーブを通過する姿を捉えることができるからだ。

　撮り鉄には貴重なポイントだが、そもそもどうしてこんなカーブができたのか。こんな話がある。

　阪急神戸線（当時は箕面有馬電気軌道）の建設が決まった頃、岡本駅と御影駅の間を流れる住吉川沿いの住吉村（現・神戸市東灘区）は別荘地だった。線路建設が計画されるや、別荘保有者の一部が猛反対し、六甲山麓への迂回をもとめて係争となった。反対派の一人には朝日新聞社主・村山龍平がいたから、さすがの小林一三も手を焼いたようだ。

　結果、線路は北側に迂回せざるを得なくなり、住吉村には駅を設けないことになった。

　御影駅付近の撮影ポイントというと、神戸三宮寄りもオススメだ。ここは、複線の上下線の間に待避線が設けられている。そのため、線路の南側から見ると、上り線が他の地点よりも離れていて、下りホームの三宮寄りから撮ると、側面をやや大きめに写すことができる。

　この待避線は、山陽電鉄による六甲駅までの乗り入れが決まった当時、山陽電車の折り返し用に作られた。現在は、朝ラッシュ時に神戸三宮駅での増結編成の待機場所に使われている。

阪急を代表する撮影スポットを走る特急梅田行き

〈番外編〉
観光列車を楽しむ

宇治山田で並んだ新旧の伊勢特急のエース（23000系伊勢志摩ライナーと50000系しまかぜ）

近畿日本鉄道50000系「しまかぜ」
嵯峨野観光鉄道トロッコ列車

近鉄50000系「しまかぜ」

近鉄山田線伊勢中川～松ヶ崎間を走る賢島行き「しまかぜ」50000系

　鉄道は、第一義的には人やモノを輸送する手段だ。むろん、快適性を求めて乗り心地や車両設備などは絶えず改善されてきたし、速達性を求める声に応じて高速化も進められ、さまざまな優等列車が登場してきた。

　とはいえ、多くの場合、移動そのものが目的であり、快適性は付随的なものだったといえよう。

　ただ、近年はやや事情が異なってきている。移動の手段であることに変わりはないが、乗車体験そのもの——快適な車両設備や車内サービスでくつろいだり、風光明媚な沿線風景を眺めたり——を旅の目的のひとつとして売り出すケースが増えてきた。いわゆる「観光列車」だ。

　80頁で紹介した南海電鉄の「めでたい電車」、高野山参詣用に観光列車に改造された「天空」、京都丹後鉄道の「くろまつ」「あかまつ」「あおまつ」、かなり趣が異なるが、超豪華クルーズ列車として人気を博すJR西日本の「トワイライト・エクスプレス瑞風」など、関西にもいくつかの観光列車がある。

　ここでは、そうした観光列車のなかでもとくにオススメしたい、近鉄「しまかぜ」と嵯峨野観光鉄道のトロッコ列車をやや詳しくレポートし、その楽しみ方をご紹介しよう。

■ 近鉄のフラッグシップに乗る

　大阪・京都・奈良・三重・愛知の2府3県に路線網をもつ近鉄は、主要幹線に特急を走らせ、都市間輸送や観光輸送に

カフェ車両の販売カウンター。弁当や土産も買える

貢献している。なかでも、大阪・京都・名古屋と日本を代表する観光地を擁する伊勢・志摩を結ぶ特急は、その大本命といえよう。

近鉄では、すでに3種類の座席を備える23000系「伊勢志摩ライナー」を投入して好評を博していたが、さらなるテコ入れを図るべく、2013年の伊勢神宮の式年遷宮に合わせて50000系「しまかぜ」を投入した。

6両編成が3本あり、1編成あたりの建造費は18億5000万円。近鉄のフラッグシップ特急とはいえ、思い切った投資をしたものだ。

「しまかぜ」では、伊勢神宮参拝に訪れた観光客に志摩まで足を伸ばしてもらうことを目的の一つとしており、「目的地につくまでの時間もときめきを感じていただく」「乗ること自体が楽しみとなる」と謳っている。

■オススメは最後部車両!?

さて、こういう列車に乗る機会があるとして、普通の近鉄特急とはどのように違うのかが気になるところだ。以下に筆者の経験を交えてご説明しよう。

まずは、購入する座席の位置。個室とサロン席以外は全席プレミアムシートなので、座り心地は変わらない。気になるのは眺望で、先頭車の最前列座席を確保して前方展望を楽しむのが一番だが、当然人気があるので、なかなか買えない。そこでオススメしたいのが、最後部の展望車だ。

レールファンにはたまらない名古屋線との合流の光景

さまざまな機能を内蔵した「しまかぜ」の座席

各種機能のスイッチ。乗車しないと確認しづらい機能を試行するチャンスだ

いずれもよく考えられていて、長時間座っていても疲れない。1人だったので個室やサロン席は利用できなかったが、1人用座席のクオリティからすると、きっと使い心地が良いに違いない。

■カフェは早めに行くべし

　快適な座席を堪能したら、次は個室・サロン席車両の隣にあるカフェに行きたい。筆者の場合、座席でいろいろ試してからカフェに向かったので、すでに入室待ちの状況だった。降車予定の伊勢市までに食事を終えられるか心配なので、今回はパスした。カフェを利用するなら、早めに行ったほうがいいだろう。

　なお、カフェ車両はダブルデッカー（2階建て車両）で、外側に向かって座るようになっており、反対側は車両を行き来するための通路になっている。この通路部分も上下に窓が大きくとってあるので、座席とは違った楽しみ方ができる。

　不思議なもので、最前部からの展望が可能な列車の場合、最後部は人気がない。筆者が乗車したのは7月上旬の平日だったが、出発数日前の時点で最後部は1席も売れていなかった。梅雨が明けるか明けないかの中途半端な時期とはいえ、ここまで差がつくものかと思う。

　前方から迫りくる景色を楽しむことはできないが、大きくとられた展望窓から去りゆく景色を心ゆくまで堪能できる。まさに穴場だ。

　それでも前方展望が気になるなら、個室備えつけのモニターがあるし、個室でなくとも、同じ映像が車内Wi-Fiで配信されているので、スマホやタブレットなどで見ればいい。肉眼で後方を眺めつつ、スマホで前方も展望できるわけで、「しまかぜ」ならではの楽しみ方だ。

　ただ、1列前の座席のリクライニングシートが倒されていると、座席を後ろ向きにできないし、逆に後ろ向きの座席で背もたれを倒すと、前列の人が背もたれを倒すことができないので、節度が必要だ。

　シートは高級感のある本革シート製で、かなりゆったり座れる。電動リクライニング、電動レッグレスト、腰部のリラクゼーション機能なども一通り試してみた。

カフェ車両の2階カフェ。軽食を楽しむこともできる

各座席にカフェとワゴン販売で提供する商品の案内を備える

嵯峨野観光鉄道トロッコ列車

トロッコ列車1〜4号車車内

　次は、日本初の観光線用鉄道として開業し、いまも高い人気を誇る嵯峨野観光鉄道を紹介したい。
　すでに乗ったことのある人が多いだろうが、年を経てさまざまな工夫を取り入れているので、久しぶりに訪れてみることをおすすめする。乗ったことがない人は、とにかく一度は乗っていただきたい。きっと満足ゆく体験ができるはずだ。

■ トロッコ車両から渓谷美を愛でる

　保津峡沿いを走る嵯峨野線（山陰本線）の保津峡は、昔から美しい渓谷美が楽しめる絶景車窓としてよく知られた区間で、乗り鉄にも撮り鉄にも評判のいい場所だった。
　嵯峨野線の複線電化が決まり、保津峡付近をトンネル主体の新線に付け替えることが決まると、旧線は観光鉄道として存続させることになり、1991年に嵯峨野観光鉄道として開業した。
　計画段階では、蒸気機関車を走らせたいといった要望もあったが、ディーゼル機関車がトロッコ車両を牽引するスタイルになった。ディーゼル機関車が客車を牽引すること自体がめずらしくなった今、観光列車ながら貴重な存在といえる。
　この区間の線路は、今でもJR西日本

1〜4号車は、ガラス窓を備えた展望に優れたトロッコ車両

5号車「ザ・リッチ」の車内。素通しの天井や窓ガラスがないオープンな客席が特徴

5号車「ザ・リッチ」の座席部分の床は、格子状のグレーチング。真下も素通しだ

「ザ・リッチ」の透明な屋根

光鉄道だ。別会社であっても、JR西日本の完全子会社で、使用するトロッコ車両も、JR西日本が貨車を改造したものだ。

■ トロッコ列車は全席指定

　トロッコ列車の編成は、トロッコ亀岡寄りにトロッコ車両を5両連結、トロッコ嵯峨寄りにディーゼル機関車を連結している。つまり、トロッコ亀岡行きはつねに後ろから押され、トロッコ嵯峨行きはつねに前から引っ張られる。5両連結のトロッコ車両のうち、機関車の隣の1両は素通し車で、「ザ・リッチ」の愛称がある。側板も床板も格子状になっている究極のトロッコ車両だ。

　嵯峨野観光鉄道の列車は、全車指定席で、前売指定券はJR西日本の「みどりの窓口」で販売されている。ただし、「ザ・リッチ」は荒天時には営業しないため、当日券しかない。当日券は、朝から一斉に販売するため、出遅れると夕方の列車しか買えないこともある。トロッ

が山陰本線の一部として保有しているが、JR西日本の列車が通ることはない。トロッコ嵯峨駅からトロッコ亀岡駅までのトロッコ列車を運行するのは、嵯峨野観

コ嵯峨駅での発売は8時35分からなので、当日券を狙うなら、できるだけ早くトロッコ嵯峨に行くほうがいい。

保津峡は船による川下りが有名なので、亀岡行きの往路のみトロッコ列車を利用し、復路に「保津川下り」を利用する人も少なくない。そのため、トロッコ嵯峨行きの指定券のみ入手できることもある。亀岡行きが早くに売り切れてしまった場合、JR嵯峨野線で馬堀駅に行き、復路にトロッコ列車を利用するという手もある。

■必見!「ジオラマ京都JAPAN」

入手できた指定券の関係で時間を調整する必要がある場合は、観光地を巡ってもよいが、鉄道好きならトロッコ嵯峨駅で過ごすのも一考の余地がある。

まず目を引くのは、屋外正面にD51 51を展示する「19世紀ホール」。館内にはC5848、C5698、D51603の前頭部などが展示されている。喫茶コーナーもあり、蒸気好きにはたまらない時間が過ごせる。また、有料施設になるが大型の鉄道模型(HOゲージ)ジオラマ「ジオラマ京都JAPAN」もある。実物のEF66前頭部が保存され、その運転台を利用してジオラマの運転ができるようになっている。

トロッコ列車の利用者は必ずしもレールファンばかりではない(むしろ少数派だろう)にもかかわらず、これほど見応えのある展示を行うとは、さすがはJR西日本の子会社だ。

さて、肝心のトロッコに乗ってみよう。全席指定とはいえ、折り返し時間が短いので、前便乗客の下車を待っての乗車はせわしない。大きな荷物はコインロッカーに預けたほうがいいだろう。

少しのあいだ嵯峨野線を走って旧線に入り、最初の停車駅トロッコ嵐山に停車する。この駅からの利用者はけっこう多く、出発時に空いていた席はほとんど埋まる。

トロッコの雰囲気を高めるため、あえて貨車仕様の台車をそのまま使用しているので、独特の乗り心地がある。貨車の台車は、ある程度の重量物が搭載されていることを前提としてバネ強度を調整しているので、軽い人間が少々乗っていても効かない。他ではあまり体験できない代物なので、景色を眺めつつも、全身で感触を味わってみてはいかがだろうか。

なお、人気の高い「ザ・リッチ」を多くの人に利用してもらうため、往復で購入すると、往路は「ザ・リッチ」でも復路は異なる車両になることが多い。

桜や紅葉が見頃になる時期や夏休みが多客期となるが、初春や晩秋には、防寒対策としてだるまストーブを積んだ「ストーブ列車」が企画される。この季節に乗車するのも楽しそうだ。

保津川下りは、トロッコ列車からも、保津峡駅ホームからも見られる

「見る鉄」に役立つ〈補足解説〉

　本書では見どころ紹介を優先したため、鉄道特有の用語や概念について、本文中で十分な説明ができなかったところもある。用語や概念の説明をしだすとキリがないのだが、ここでは「見る鉄」をするうえで役に立ちそうな知識を補足説明しておきたい。

ホームの形式と本線・副本線

　駅を見学する視点はさまざまだが、ここでは鉄道施設としての駅に着目し、ホーム（platform）の形式や線路配置について簡単に整理しておこう。

ホームの高さ

　一般にホームの高さは鉄道車両の乗降口に合わせて作られており、JR駅の場合、国鉄時代に定められた基準にしたがってホームが設置されている（電車用ホーム＝1100mm、電車・気動車・客車共用ホーム＝920mm、客車用＝760mm）。通常は、乗降口とホームの段差はほとんどないが、路面電車のように、ホームと乗降口に段差のある場合もある。路面電車用を「低床ホーム」、鉄道車両用を「高床ホーム」という。

ホームの形式

　ホームと線路の数を示す場合、「○面○線」という表現がよく用いられる（○線は通常の営業運転に使用する線路の数で、留置線などの線路は数に含まない）。たとえば、ホーム1つに対して線路が2本ある島式ホームの場合、「1面2線の島式ホーム」などという。

(1) **単式ホーム**　ホーム片側にしか線路がない（1面1線）最も単純な駅構造。片面ホームともいう。信号もポイントもなく、ホームだけの駅は「棒線駅」と呼ばれる。

(2) **相対式ホーム**　単式ホームが向かい合わせ（相対）で、ホーム間に2本以上の線路がある形式。複線区間に多い形式だが、単線区間の交換駅（列車の行き違いが可能な駅）にも当てはまる。対向式ホーム、対面式ホームともいう。

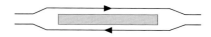

(3) **島式ホーム**　ホームの両側に線路がある形式。したがって1面2線が基本型となるが（複々線の場合は2面4線）、待避待ちや相互接続が可能な複線2面4線や、外側に本線がある1面4線といったケースもある。

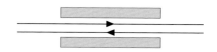

(4) **頭端式ホーム**　2面以上のホームの頭端部（行き止まり部分）がつながっている形式。ターミナル駅に用いられることが多い。櫛形ホームともいう。

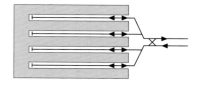

（　本線・副本線と側線　）

東海道本線や京阪本線のように、重要な線区（幹線）は「本線」と呼ばれるが、それとは別に、営業列車の運転に常用される線路のことも「本線」という。たとえ1日1往復しか走らない超ローカル線でも、その列車が走る線路は「本線」となる。

なお、新幹線の米原駅のように、通過列車主体の線区の場合、通過列車が通る線路が「本線」となり、停車列車の客が乗降するホームに面した線は「副本線」となる。

また、営業列車の運転には基本的に用いられず、留置などに使われる線は「側線」と呼ばれる。

分岐装置（分岐器）

自動車と異なり、鉄道車両そのものには進路を変更する機能がないため、分岐器は不可欠。かつては分岐器や信号のある駅を「停車場」、ない駅を「停留場」として区別していたこともある（現在の法令ではこういう区別はないが、現場によっては踏襲されている）。ホーム形式の解説でも述べたように、後者は「棒線駅」と呼ばれることもある。

分岐装置は3つの部材（転てつ器〔point, switch〕、リード〔lead rail〕、てっさ〔crossing, frog〕）で構成され、このうち列車の進路を決める転てつ器部が「ポイント」だが、分岐器の総称として用いられることもある。

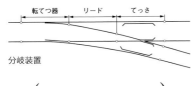

分岐装置

（　分岐装置の種類　）

分岐装置は、分岐方向や分岐数などにより、次のように分類される。

(1) **単分岐**　1線から他の1線を分岐させるタイプ。

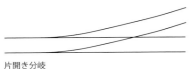

片開き分岐

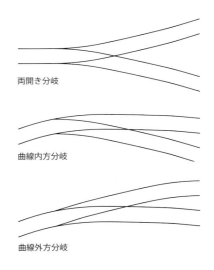

両開き分岐

曲線内方分岐

曲線外方分岐

(2) **複分岐**　2組の転てつ器を組み込んで3方向に分岐させるタイプ。

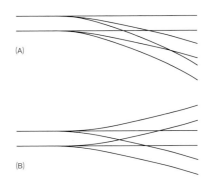

(A)

(B)

関西の新幹線ウォッチング名所

(3) **三線分岐** 3方向に分岐する転てつ器を組み込んだタイプ。

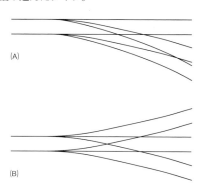

(4) **菱形交差** 線路が平面で交差するもの

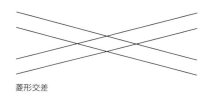

菱形交差

(5) **渡り線付菱形交差**

片渡り線付交差（Single slip switch）の例（阪神尼崎駅）

両渡り線付交差（Double slip switch）の例（能勢電山下駅）

(6) **渡り線** 複線区間など平行する2つの線路を接続さたもの。

片渡り線：それぞれの線路の分岐装置を接続させる

両渡り線：方向の異なる片渡り線を同一箇所に設置。片渡り線は菱形交差する

渡り線付菱形交差は、直線側でも速度制限が必要なうえ、構造が複雑で保守上の弱点となるケースもあるため、国内での採用例は少ないが、関西私鉄では比較的多い。このため、関西を代表する鉄道景観としてシングルスリップやダブルスリップに注目するレールファンも少なからずいる。

日本の鉄道車両メーカー

　現在の国内鉄道車両メーカーを近年の納入実績をもとに整理すると、以下の表のようになる。

　計11社あるうち、川崎重工業、近畿車輛、アルナ車両は関西に拠点があることは特筆に値する。

　川崎重工業は鉄道車両のほか、船舶建造や航空・宇宙事業、オートバイ製造を手がける総合重工業メーカーだ。鉄道車両製造部門は、神戸市に本拠を置く「車両カンパニー」が担っている。

　近畿車輛は近鉄の子会社だが、現在はJR西日本も出資している。超低床路面電車は、三菱重工業などと協力体制を組んで開発した。

　アルナ車両は、もとは阪急電鉄の子会社アルナ工機の鉄道車両製造部門で、検修担当事業部門として阪急阪神ホールディングスに残った会社。車両新造はなくす予定だったが、国内では数少ない路面電車を得意とするメーカーで、当時、唯一の国産超低床電車が新造できたため新造が続けられた。

　関西ではないが、米子にある後藤工業はJR西日本の孫会社だ。主力事業はJR西日本後藤総合車両所内での車両修繕だが、近年は私鉄電車の新造実績もある。

　なお、新車の製造は行わないものの、大規模なリニューアルを施工する会社もある。関西では独立系の大阪車両工業や阪神阪急系の阪神車両メンテナンスなどが知られている。

　また、路面電車や鋼索鉄道（ケーブルカー）の車両には、欧州のメーカー製もある。2019年3月に営業開始予定の高野山ケーブルカー4代目車両は、スイスのCWA社が製造することが決まっている。

国内の鉄道車両メーカーと平成元年以降の納入実績

	JR新幹線	JR在来線	私鉄	路面電車	モノレール	新交通システム	備考
川崎重工業	●	●	●		●	●	総合重工業メーカー。
日立製作所	●	●	●		●		総合重工業メーカー。
日本車輌製造	●	●	●	●		●	鉄道車両製造が中心。JR東海の子会社。
近畿車輛	●	●	●	●			鉄道車両製造が中心。近鉄の子会社だが、JR西日本も出資。
総合車両製作所	●	●	●				鉄道車両製造が中心。JR東日本の子会社。旧・東急車輛製造
東芝		●					総合電機メーカーだったが、家電の製造からは撤退済み
新潟トランシス		●	●			●	鉄道車両製造が中心。IHI系列。
三菱重工業				●	●	●	総合重工業メーカー。
JR九州鹿児島車両所				●			一時、鹿児島市電の新製を手がけたが、20年以上製造実績はない。
アルナ車両			●	●			鉄道車両保守会社。車両新製は路面電車中心。阪急阪神ホールディングス傘下。
後藤工業			●				鉄道車両保守会社。車輌製造の実績は一畑電車向けのみ。JR西日本の孫会社。

注：過去の納入実績を含めてジャンルごとに整理しているため、近年は製造実績のないジャンルも含まれている。なお海外実績は含めていない。

参考文献

- 『鉄道ピクトリアル』各号、電気車研究会
- 『鉄道ファン』各号、交友社
- 『日本鉄道旅行地図帳』8〜10号、新潮社
- 宮脇俊三編『鉄道廃線跡を歩く』1・3・7・8・10、JTB
- 三宅俊彦・寺本光照・曾田英夫・澤井弘之『時刻表に見る〈国鉄・JR〉電化と複線化発達史』JTB
- 生田誠『阪急全線古地図さんぽ』フォト・パブリッシング
- 神戸新聞総合出版センター編『兵庫の鉄道全駅　JR・三セク』神戸新聞総合出版センター
- 神戸新聞総合出版センター編『兵庫の鉄道全駅　私鉄・公営鉄道』神戸新聞総合出版センター
- 森島宗太郎『鉄道工学』森北出版
- 日本国有鉄道大阪工事局『大阪工事局40年史』日本国有鉄道大阪工事局
- 日本国有鉄道大阪工事局『大阪工事局50年史』日本国有鉄道大阪工事局
- 日本国有鉄道大阪工事局『大阪工事局60年史』日本国有鉄道大阪工事局
- 日本国有鉄道大阪第二工事局『東海道新幹線工事誌』日本国有鉄道大阪第二工事局
- 日本国有鉄道大阪新幹線工事局『山陽新幹線新大阪岡山間建設工事誌』日本国有鉄道大阪新幹線工事局

著者紹介……………………………………

来住 憲司（キシ ケンジ）

1961年東京生まれ。父が転勤族だったため、生後半年ほどで四国・松山に転居したのを皮切りに、西日本各地を転々とする少年時代を過ごす。現役蒸機時代末期と重なったこともあり、各地で蒸機撮影にいそしむ。サラリーマン時代にはリゾート開発に関わり、技術的な折衝で頻繁に運輸局に出入りした時期もある。その後は鉄道のCD-ROMコンテンツや鉄道誌・旅行誌への寄稿、鉄道をテーマとする単行本を手がける。著書：『京都鉄道博物館ガイド』『関西の鉄道車両図鑑』のほか『東京の地下鉄相互直通ガイド』（共著）『全国駅名事典』（編集協力）などがある（いずれも創元社）。

「見る鉄」のススメ
関西の鉄道名所ガイド
―― 見る・撮る・学べるスポット42選

2019年2月10日　第1版第1刷発行

著　者	来　住　憲　司
発行者	矢　部　敬　一
発行所	株式会社 創 元 社

https://www.sogensha.co.jp/
本社　〒541-0047 大阪市中央区淡路町4-3-6
Tel.06-6231-9010 ㈹
東京支店　〒101-0051 東京都千代田区神田神保町1-2 田辺ビル
Tel.03-6811-0662 ㈹

印刷所　　図書印刷株式会社

©2019 Kenji Kishi, Printed in Japan
ISBN978-4-422-24096-1 C0065

本書を無断で複写・複製することを禁じます。
乱丁・落丁本はお取り替えいたします。
定価はカバーに表示してあります。

JCOPY 〈出版者著作権管理機構 委託出版物〉

本書の無断複製は著作権法上での例外を除き禁じられています。複製される場合は、そのつど事前に、出版者著作権管理機構（電話 03-5244-5088、FAX 03-5244-5089、e-mail: info@jcopy.or.jp）の許諾を得てください。

東京の地下鉄相互直通ガイド

所澤秀樹、来住憲司著　世界一複雑かつ精緻といわれる東京の相互直通運転。車両運用から知られざる事業者間の取り決め、直通運転の歴史まで、図版写真を交えて解説。　A5判・184頁　2,000円

車両の見分け方がわかる！　関西の鉄道車両図鑑

来住憲司著　関西の現役車両のほぼ全タイプを収録した車両図鑑。各車両の性能諸元、車両を識別するための外観的特徴やポイントを簡潔に解説。オールカラー。　四六判・368頁　2,200円

保存車両が語る日本の鉄道史
京都鉄道博物館ガイド　付 JR・関西の鉄道ミュージアム案内

来住憲司著　日本屈指の規模を誇る「京都鉄道博物館」をまるごと解説。53両の保存車両の諸元・経歴や展示物の見所を紹介しつつ、日本の鉄道発達史を振り返る。　A5判・168頁　1,200円

鉄道快適化物語──苦痛から快楽へ

小島英俊著　安全性やスピード向上はもとより、乗り心地の改善、座席・照明・トイレ等の車内設備、果ては憧れの豪華列車まで、日本の鉄道の進化の道筋をたどる。　四六判・272頁　1,700円

全国駅名事典

星野真太郎著／前里孝監修　国内すべての路線・停車場を網羅、最新動向を反映した待望の駅名レファレンス・ブック。巻頭カラー全国鉄道軌道路線図、資料付き。　A5判・568頁　3,600円

えきたの──駅を楽しむ〈アート編〉

伊藤博康著　建築美を誇る駅、絶景が堪能できる駅、果てはいまは訪れることのできない旧駅などなど、鉄道ファンならずとも見に行きたくなる駅の数々を紹介。　A5判・188頁　1,700円

日本の鉄道ナンバーワン＆オンリーワン──日本一の鉄道をたずねる旅

伊藤博康著　鉄道好きなら是非とも知っておきたい、あらゆる日本一、日本唯一を一挙に紹介。お馴染みの知識からマニアックなネタまで、必読・必見・必乗の一冊。　四六判・256頁　1,200円

行商列車──〈カンカン部隊〉を追いかけて　第42回交通図書賞［歴史部門］受賞

山本志乃著　知られざる鉄道行商の実態と歴史、さらに行商が育んできた食文化、人々のつながりを明らかにする。後世に遺すべき、唯一無二の行商列車探訪記。　A5判・256頁　1,800円

鉄道の誕生──イギリスから世界へ　第40回交通図書賞［歴史部門］受賞

湯沢威著　蒸気機関導入以前から説き起こし、本格的鉄道の登場の秘密と経緯、経済社会へのインパクトを詳述。比較経営史の第一人者による待望の鉄道草創期通史。　四六判・304頁　2,200円

鉄道手帳［各年版］

所澤秀樹監修／創元社編集部編　全国鉄軌道路線図、各社イベント予定、豆知識入りダイアリー、数十頁の資料編など、専門手帳ならではのコンテンツを収載。　B6判・248頁　1,200円

＊価格には消費税は含まれていません。